활기찬 노년 행복한 공동체

한 국

활기찬 노년 행복한 공동체
한국

—

인쇄 2017년 7월 10일 1판 1쇄   **발행** 2017년 7월 15일 1판 1쇄

지은이 김수영·강동진·오찬옥·진재문·주수현·문경주   **펴낸이** 강찬석   **펴낸곳** 도서출판 미세움
주소 (07315) 서울시 영등포구 도신로51길 4   **전화** 02-703-7507   **팩스** 02-703-7508
등록 제313-2007-000133호
홈페이지 www.misewoom.com

정가 12,000원

—

ISBN 978-89-85493-96-3   93330

잘못된 책은 구입한 곳에서 교환해 드립니다.

이 도서는 2012년도 정부재원(교육부 사회과학연구지원사업비)으로 한국연구재단의 지원을 받아 연구되었음
(NRF-2012-S1A3A2033314)

초고령 사회를 위한
행복한 노년 시리즈 1

활기찬 노년
행복한 공동체

김수영·강동진·오찬옥
진재문·주수현·문경주 함께 씀

한 국

美세움

머리말

우리 모두는 자신의 수명이 연장되기를 희망하고 있고, 무엇보다도 길어질 노년기를 건강하고 행복하게 살기를 원한다. 하지만 이미 많은 학자들은 경제사회적 발전에 따른 수명연장과 길어지는 노년기가 과연 축복인가에 대해 문제제기를 하고 있다. 반면 최근에는 또 다른 연구자들이 초고령사회에 대응하기 위한 사회적 패러다임을 긍정적인 관점에서 제시하고 있다. 한편 현실적으로 많은 정치인들은 선거 때마다 고령 유권자들을 위해 정성껏 준비한 핑크빛 선물꾸러미를 보여줌으로써 고령자들의 정치적인 파워를 실감케 하기도 한다.

수명연장을 가져온 과학의 발전을 보면 불로장생에 버금가는 소망이 현실화되고 있다. 비록 정치인들의 얄팍한 선물에 거품이 있어도 어쨌든 대선이든, 총선이든, 지방선거든 선거를 치를 때마다 노인 복지의 총량은 늘고 있다. 인구 빅뱅에 가까울 만큼의 충격적인 현실과 이를 책임질 사람은 없어도 마구 던져지는 공약은 누군가에게는 효자노릇을 한다. 한편으로는 이런 현실을 보면서 우리 사회의 노인문제를 걱정하는 사람도 많아지고 있다. 사람들이 걱정하는 이유는 자신의 주머니가 털린다는 개인적인 불안뿐만 아니라, 자칫 이러한 상황이 노인에 대한 연령편견ageism을 부추김으로써 세대 간의 대립을 초래하고, 길어진 노년기가 축복은커녕 비판이나 적대감을 조성할 수도 있다는 염려도 다분히 있기 때문이다.

이 책에서는 그러한 현상이나 문제에 대한 해결책의 하나로, 당사자인 '고령자들의 자립'에 초점을 맞춰 보았다. 즉, 이 책이 추구하는 목적은 사회적 부양부담을 가진 젊은 세대와의 대립관계를 피하면서 젊은 세대와 공존할 수 있는 노년기의 롤 모델을 제시해 보는 것이다. 필진들은 이러한 목적을 명확히 한 후에, 몇 차례의 논의를 거쳐 우리나라 고령자들이 세계보건기구WHO가 제안하는 '활기찬 노화Active Aging'를 실천하는 사례를 찾아보기로 하였다. 비록 일부 사례는 진행된 기간이나 완성도는 높지 않지만 고령자들이 적극참여하면서 주류사회 구성원으로서의 위상을 키워가는 모습은 분명히 기존 노인세대의 라이프스타일과는 다르다. 고령자들이 사회적 경제를 실천하는 모습은 아직은 좀 서툴지라도 사회참여를 통해 경제적으로 자립하고, 사회에 공헌하며, 스스로의 자존감을 높임으로써 급속한 고령화에 대한 젊은 세대의 불안을 감소시키고 그들의 질 높은 삶을 향유할 수 있는 방법을 찾아가는 노력이라고 생각한다. 현재 활동하는 모습은 '진행형'이지만, 건강하고 진정성 있는 그들의 활동은 적어도 바로 다음 세대인 베이비부머들의 노년기 진입에 필요한 밑알이 되기에 충분할 것이다.

소개하는 사례의 활동범위는 가능하면 전국의 행정구역별로 균형있게 다루고자 하였다. 고령자들의 활동내용은 주로 먹거리, 문화, 역사 등 고령자들이 중심적인 역할을 할 수 있는 일에 맞추었다. 더 솔직하게 말하자면 활동유형이 고령친화적인 것이어서 고령자들이 많이 참여하고 있는 활동을 선택하였다. 사례를 위쪽 지방에서부터 나열하자면, 서울시 성북구의 장수마을 동네목수, 강원도 원주의 노인생활협동조합, 충청북도 영동의 같이그린백화협동조합, 충청남도 홍성의 은퇴농장사람들, 전라북도 전주의 천년누리봄, 전라북도 순창의 고추장마을협동조합, 경상북도 군위의 삼국유사 화본마을 영농조합, 경상남도 욕지도의 할매바리스타, 부산시 동래구의 노신사밴드이다. 모든 사례에서 보듯이 고령자들이 중심이 되어 경제사회적인 자립과 함께 세대 간 교류를 도모하는 노력은 아름다운 노년의 모습 그 자체라고 생각한다.

아마도 필진들이 발굴하지 못한 더 좋은 사례들이 전국적으로 많이 있을 것이다. 그러므로 이 책에 실린 사례들이 굳이 고령자들의 사회참여를 대표하는 사례라고 말할 수는 없을 것이다. 하지만 우리는 고령자들이 사회적 경제를 통해 활기찬 노화와 생산적인 노화productive aging를 실천하고 성공적인 노화successful aging를 추구하는 모습을 소개하는 데 의미를 두었다.

마지막으로 필진을 소개한다. 필진은 교육부 산하의 (재)한국연구재단 인문사회과학연구팀의 지원과제 중 하나인 SSK^{Social Science Korea}의 지원을 받은 연구팀에 속한 연구자들이다. 연구팀의 공식적인 주제는 "초고령사회 대응 고령친화공동체 구축"이며, 조만간 맞이하게 될 '100세 시대'에 대비하여 국가, 지역사회, 개인, 가족 모두가 우리 사회를 경쟁력 있는 초고령사회로 만들어야 한다는 목표하에 3년간 연구를 수행해 왔다. 참여연구자들의 전공분야는 노인심리, 노인복지정책, 사회보장, 실내디자인, 도시공학, 지역경제, 지방행정 등이며, 그 외 의학, 정신보건, 사회학 등 여러 분야의 외부 연구자들과도 공동연구를 하고 있다. 이처럼 연구팀이 학제 간 연구를 통해 고령화현상에 접근하는 이유는 많은 학문분야가 고령자들의 삶과 직접적으로 연관되기 때문이다.

이 책은 우리 사회가 빠르게 초고령사회로 진행되고 있는 시점에서 우리나라 고령자들이 활기차게 노년을 보내는 좋은 사례를 소개하는 첫 번째 저서라는 의미를 가진다. 앞으로 우리 연구팀은 지속적으로 '활기찬 노년'을 소개하는 국내외 저서를 시리즈로 발간할 예정이다. 시리즈에 실리는 각 저서에는 적절하게 이론과 실제 사례를 안배하여 적어도 두 가지의 목적을 달성하고자 하는 공통점이 있다. 한 가지 목적은 활기찬 노년의 여러 분야와 관련된 이론적 논의의 장을 확대하여 사회과학의 발전에 기여하는 것이다. 또 다른 한 가지 목적은 활기찬 노년의 국내외 사례를 두루 소개함으로써 급속한 고령화를 경험하고 있는 우리 사회에 활기를 불어넣을 수 있는 방안을 공유하자는 것이다.

　이를 위해 관심 있는 모든 사람이 읽기 편하도록 형식과 내용을 구성하려고 노력하였다. 이 사례집이 많은 사람들에게 소개되어 우리 사회에서 노화^{aging}와 노인에 대한 편견이 줄어들고, 젊은 세대와 노인세대가 더불어 사는 공동체사회가 구현될 수 있다는 공감대가 커지기를 기대한다.

2017년 6월

참여저자　김수영, 강동진, 오찬옥

진재문, 주수현, 문경주

차 례

PART 1

활기찬 노화와
사회적 경제의 만남

활기찬 노화와
사회적 경제의 만남

김수영 · 진재문 · 주수현

'활기찬 노화'란 무엇인가?

근대화 이후 의학이나 생활수준 등이 향상되면서 인간의 수명은 점차 연장되고 있다. 이로 인해 길어진 노년기를 가능한 한 오랜 동안 주류사회에서 건강하게 살아가고자 하는 것은 우리 모두의 목표이자 희망이다. 이러한 목표를 달성하기 위해서는 사회참여를 하면서 활기차게 노년을 보내야 한다. 2002년 세계보건기구는 이러한 노력과 활동이 가지는 의미를 '활기찬 노화'라고 칭하였고, 이제 이 용어는 독립적이고 자존감을 추구하는 바람직한 노년기를 상징하는 표현이 되었다.

'활기찬 노화'는 사회적인 기여를 더 강조하는 생산적인 노화라는 개념과 더불어 성공적인 노화로 귀결될 것이다. 이때 '활기찬active'의 의미는 고령자[1]들이 사회적·경제적·문화적·정신적으로 시민civic 영역에 지속적으로 참여하는 것을 말한다WHO, 2002. 즉, 고령자들이 자신이 살고 있는 지역사회에서 자원봉사, 평생교육, 경제활동 등 다양한 사회참여 활동을 하면서 주류사회에서 다른 연령세대와 더불어 살아간다는 것이다.

고령화율이 우리보다 더 높은 여러 선진국에서 소개하는 '활기찬 노화' 사례에서는 고령자들이 여러 가지 사회활동을 하면서 노년을

---

1   일반적으로 노화의 대상을 '노인'이라고 생각하지만, 넓은 의미에서는 중장년까지 포함하므로 '고령자'로 지칭하고자 한다.

의미 있게 보내고 있는 것을 흔히 볼 수가 있다. 하지만 이 책에서는 고령자들의 사회참여 활동 중 경제활동에 초점을 두었다. 왜냐하면 우리나라 고령자들은 1960년대 이후 한국 산업화의 역군이었지만, 노후 소득보장제도가 마련되지 못했던 시기에 주로 경제활동을 해왔기 때문이다. 그들에게 활기찬 노년을 위한 전제조건 중 가장 중요한 것은 무엇보다도 경제적 자립이다. 우리나라 고령자들의 경제적 자립문제가 화두가 되면서 최근 관련된 연구결과들이 보고되었다.한국보건사회연구원, 2014; 김수영, 이민홍, 손태홍, 2015

'활기찬 노화'를 추구하는
고령자들의 경제활동

우리나라는 고령자들의 경제활동을 지원하기 위해 정부 차원에서 시행하고 있는 공공정책사업이 여러 가지 있다. 대표적인 고령자 고용정책에는 보건복지부가 주관하는 60세 이상 노인들을 위한 일자리사업과 고용노동부가 주관하는 50세 이상 중고령자 대상의 사업들이 있다.

일반적으로 많이 알려져 있는 노인일자리사업은 60세 이상의 고령자들이 참여할 수 있는 정부 주도의 공공사업이다. 노인일자리사업의 예를 들면 건강한 노인들이 허약한 노인을 돌보는 노노케어와 같은 세대 내의 돌봄이나 주변의 환경정화, 또는 초등학생 등하굣길 관리와 같은 세대 간 지원 등의 사회참여 활동이 있다. 시니어 클럽도 노인일자리사업과 마찬가지로 공공사업이지만 시장지향형의 사업이다. 즉, 고령자들이 영리를 추구하는 시장경제의 메커니즘에 따라 수익을 창출한다는 것이다. 예를 들면 고령자 중심의 도농 간 먹거리 거래나 지하철을 이용한 택배서비스, 엄마손식당 등이 주로 알려져 있는 사업이다.

이러한 활동은 소위 말하는 착한 사업으로서, 적정 수준의 이익을 추구하면서도 민간기업처럼 무한경쟁을 하지 않으며, 사회구성원들의 삶의 질 향상에 기여하는 틈새시장의 기능을 한다. 더 쉽게 말하자면 민간기업이 투자할 만큼의 매력 있는 아이템은 아니지만, 사회구성원들의 삶에 도움을 줄 수 있는 제품이나 서비스를 만들어내는 비영리적 성격의 사업이다. 따라서 이러한 사업은 사업의 정착을 위해 공공예산이 투입되지만, 장기적으로는 공적 지원을 받지 않고 자립하고자 하는 과제를 안고 있다.

최근에는 이러한 장기적 목표와의 가교 역할을 하는 고령자 중심의 협동조합, 마을기업, 예비사회적 기업 등이 등장하고 있다. 즉, 고령자들의 경제활동을 지원하고 고용을 창출하기 위해 사회적 경제의 방법을 적용하는 것이다. 물론 사업의 주체나 참여인력이 '고령자 중심'이라는 연령 제한이 없는 비영리사업들이 더 많다. 이러한 움직임은 사회적 경제영역인 제3섹터[2]의 지평을 확대하려는 사회적 패러

2　피어스(J. Pearce)는 경제영역을 세 부분으로 구분하는데, 이윤을 추구하는 영역으로서의 시장영역(제1체제), 국가의 계획하에 제공되는 공공서비스의 비상업적 영역(제2체제),

다임의 변화와 더불어 조금씩 가시화되면서 관심을 받고 있다. 이미 유럽이나 북미, 일본 등에서는 복지국가의 외연을 확대해 나가는 과정에서 제3섹터의 역할이 커지고 있다. 우리나라에서도 최근 협동조합법이나 사회적기업지원법 등이 만들어지면서 많은 단체들이 활동에 참여하고 있다. 그 중 특별히 고령자들이 비중 있게 참여하는 형태의 비영리적인 사업을 이 책의 사례에서 소개한다.

현재 우리나라에서 운영하고 있는 고령자 중심의 협동조합이나 사회적 기업이 모두 성공한 것은 아니며, 앞으로도 성공 가능성을 장담할 수는 없다. 하지만 우리 사회가 그들의 활동을 현재진행형으로 이해한다면, 고령세대 노동력의 강점인 부지런함과 성실함이 경륜과 어우러지는 성공 사례들이 사회적 경제의 가능성을 더 확대시키고 우리 사회를 건강한 공동체로 만드는 촉진제가 될 것이다.

사회적 경제의 실천을 통한
새로운 공동체 실험

선진국을 중심으로 가속화되고 있는 고령화는 글로벌 차원에서 중요한 사회문제로 등장하였다. 고령

자조와 호혜의 사회적인 목적을 추구하는 영역(제3체제)이 존재한다고 본다. 사회적 경제는 제3체제 중에서 시장지향적인 활동영역으로 구분하고 있다(김봉화 · 김재호(2010), 『세계 사회적 기업의 현황과 전략』, 한국학술정보[주], p.32 재인용). 여기서 피어스의 제3체제는 시민사회 혹은 제3섹터로 불리는 영역이라고 할 수 있다.

화로 인해 발생하는 문제는 크게 두 측면에서 볼 수가 있다. 우선 거시적 측면에서 보면, 생산가능인구가 줄어들면서 노동공급이 감소하여 경제성장이 둔화되는 것이다. 이로 인해 소득이 줄어들고 구매력이 약화되면 경제의 재생산 구조가 악화된다. 이러한 요인들은 장기적으로 연금을 고갈시키고 의료보험 재정을 악화시켜 국가의 재정위기를 초래할 수도 있다. 또한 개인적 측면에서도 많은 문제를 유발한다. 소득은 증가하지 않는데 수명이 연장됨에 따라 의료비 지출이 늘어나고 생활이 궁핍해지게 되는 것이다. 또한 건강수명을 위한 사회적 활동 공간과 일자리가 필요해짐에 따라 사회적 비용이 증가할 수도 있다.

이러한 문제를 해결하기 위한 대안으로 정부는 다양한 대책을 세우게 되는데, 이를 고령화 환경에 적합한 '신공동체의 설계'라고 말할 수 있다. 새로운 공동체 설계를 위한 사회적 연대와 통합의 관점에서 보면 과거에는 저소득층 중심의 사회적 통합과 연대, 생산연령과 구분된 보호 대상자로서의 고령층을 전제로 한 사회적 통합과 연대가 필요했다면, 이제는 이 기제를 고령층에 적용할 필요가 있다는 것이다. 즉, 미래의 인구구조에 대응하는 신공동체를 구축하여 고령층의 사회활동을 확대하고, 일자리를 창출하여 장기적으로 사회적 비용을 절감하고 사회활력을 높이자는 것이다. 신자유주의의 문제를 보완하기 위해 새로운 대안경제로 등장하고 있는 사회적 경제social economy가 고령층의 일자리를 확대하고 새로운 공동체를 구상하는 데 중요한 역할을 하기를 기대해 본다.

한편 이러한 전환기적 실험은 고령자를 주체로 참여시키는 다양한 사회·경제적 기제를 요구하고 있다. 우리나라도 역시 예외일 수는 없다. 우리나라의 경우, 새로운 공동체 실험과 관련된 사회적 경제의 적용은 다양한 형태로 나타나고 있다. 현재 우리나라에서도 고령자 중심의 시장형 일자리사업, 마을기업, 예비사회적 기업들이 공공예산의 지원을 받으면서 수익을 창출하는 방식으로 운영되고 있다. 하지만 예산 지원기간이 종료되면 자립경영을 해야 하므로 운영 아이템이나 경영구조가 경쟁력과 건전성을 가지면서 동시에 지속가능성도 있어야 한다. 물론 고령자 중심으로 사회적 경제를 추구하는 활동이 철저하게 시장경쟁력을 가질 필요는 없다. 그보다는 이타성, 공공성, 사회기여, 착한 경영 등의 이념을 실천함으로써 사회에 기여하고, 참여 고령자들의 삶의 질도 향상시킨다는 두 가지 목표를 모두 추구하는 것이 더 중요하다. 즉, 고령자들이 사회적 경제를 배우고 실천하면서 젊은 세대와 더불어 사회적 주체가 되는 공동체, 즉 '고령친화적인 공동체'김수영, 장수지, 오찬옥, 최성희, 2014를 지향한다는 것이다.

고령자들의 사회적 경제 참여형태

사회적 경제는 조합원, 근로자, 참여자 등으로 불리는 시민들이 중심이 되어 자신들의 근로, 생산, 소

비 등 모든 활동에서 참여자와 공익을 조화시키는 연대적 경제조직
이다. 사회적 경제는 주로 시장기구와 정부정책으로 해결할 수 없
는 영역을 중심으로 등장하였고, 최근에는 신자유주의의 폐해를 완
화할 수 있는 방안으로 제시되고 있다. 또한 사회적 기업의 다양한
비즈니스 모델이 제시되면서 사회적 경제 자체가 고령층과 같은 취
약계층의 일자리 창출에 기여할 수 있는 가능성이 커지고 있고, 고
령층의 사회적 활동영역도 사회적 경제분야로 확장되고 있음을 볼
수 있다.

　고령자들이 사회적 경제인 협동조합이나 사회적 기업 등에 참여
하는 형태를 관계형성의 관점에서 본다면, 내적 주체로 참여하는 경
우와 외부 주체로 필요에 따라 관계를 형성하는 경우로 구분할 수
있다. 내적 주체로 참여하는 형태는 다시 고령자들이 사회적 경제의
경영 및 생산 또는 소비 주체로 참여하는 경우와 경영은 고령자 외
의 주체가 담당하고 그들은 생산이나 소비의 주체로 참여하는 형태
로 구분된다. 전자의 경우라면 고령자들이 사회적 경제를 설립하고
경영과 관리를 하면서 조직의 생존과 목적 실현에 대해 책임을 지게
된다. 그리고 그들이 직접 생산을 담당하거나 생산물의 소비주체가
된다. 이에 가장 적절한 유형은 협동조합이다. 협동조합은 조합원이
공동출자하여 민주주의 원칙하에서 공동으로 경영하는 것을 원리
로 하는 조직이기에 이에 부합하는 것이다. 후자의 경우, 사회적 경
제의 관리·운영 주체는 고령자가 아닌 사람이 주도하고 고령자들은
사회적 경제의 근로자, 소비자 등의 하부 인력구조로 참여하는 형태

이다. 노인 일자리 통합형 사회적 기업이 가장 전형적인 예가 될 것이다. 예를 들면 중장년의 사회적 기업가가 노인들을 참여시켜 음식을 만들고, 여기서 나오는 수익금으로 참여 노인들에게 임금을 지급하고, 잉여 수익금으로 다른 노인들의 취업기회를 확대하거나 노숙인 등 취약계층을 지원하는 형태이다.

한편 외부 주체로서 필요한 경우에 관계를 형성하는 형태도 있다. 이는 고령자들이 사회적 경제의 외부에 존재하면서 협동조합, 사회적 기업, 마을기업 등 사회적 경제조직과 관계를 맺는 것이다. 여기서 고령자들이 사회적 경제의 외부에 존재한다는 것은 그들이 협동조합이나 사회적 기업의 공식적인 구성원으로서 자격이 없음을 의미한다. 그들은 사회적 경제의 공식적인 조직구성원이 아니라 필요에 따라 생산자의 일부로, 혹은 소비자의 일부로 연계될 뿐이다. 그럼에도 불구하고 사회적 기업이나 NGO들은 이러한 관계를 통해 고령자들에게 일자리 기회를 제공하여 소득을 얻게 해준다는 의미에서 공익적 기능을 수행하게 된다.

고령자들이 어떤 형태로든 사회적 경제를 실천하게 된다면 다가올 초고령사회가 요구하는 새로운 공동체인 고령친화적인 공동체 구축과정에 참여하고 있는 것이다. 하지만 현재 우리나라에서 사회적 기업이나 협동조합들은 정부가 지원하고 관여하는 보호시장의 수준에 머물고 있다. 그러므로 고령자들이 사회적 경제 본연의 기능을 폭넓게 실현하기 위해서는 사회적 경제의 특성과 구조를 이해하기 위한 교육도 제공해야 한다. 이는 실제로 건강한 고령자들의 경제사회적 활동에 대한 수요가 사회적 경제로 유인될 수 있는 길을 열어주는 계기가 될 것이며, 고령화율이 높은 사회에서 고령자들의 주류사회 참여를 확대하면서 활기찬 노화를 추구하는 기회가 될 것이다.

사회적 경제와 고령자의 삶

사회복지 측면에서 볼 때 사회적 경제와 협동조합특히 사회적 협동조합[3]은 빈곤자와 같은 취약계층에게 사회서비스를 공급하는 주체로서 기능한다. 이를 고용 측면에서 보면 일자리가 필요한 사람들, 특히 위와 동일한 취약계층에게 취업기회를 제공하는 기능을 수행한다. 실제로는 사회적 경제의 주체인 협동조합이나 사회적 기업의 사업 아이템이 무엇인지에 따라 고용기회의 확대와 사회서비스 제공이라는 두 가지 기능을 모두 담당하거나 둘 중 하나를 담당할 수도 있다.

노인의 경우 노동시장에서 은퇴하면서 상당수가 소득획득의 기회를 상실한다. 그러므로 수명의 연장은 노인세대의 빈곤 가능성을 높인다. 다른 한편으로 노년기는 신체적·심리적으로 여러 가지 질환

---

3 '사회적 협동조합'이라는 명칭은 이탈리아, 스페인 그리고 우리나라에서 주로 사용하는 용어이다. 포르투갈에서는 '사회연대협동조합', 캐나다에서는 '연대협동조합', 덴마크에서는 '프로젝트 개발', 영국과 미국에서는 '지역개발기업' 등으로 불린다.

이 발생하는 시기로서, 타인의 돌봄서비스가 절실하게 요구된다. 보건의료의 발전이 인간의 수명을 연장하는 데는 성공했으나 건강하게 수명을 연장하는 데는 아직 성공하지 못하고 있기 때문이다. 현실적으로 병약한 노인에 대한 돌봄서비스와 같은 사회서비스의 수요는 최근 들어와 폭발적으로 증가하고 있는 실정이다.

이처럼 고령자가 주를 이루는 사회적 취약계층에게 일자리 및 소득창출의 기회를 제공하는 한편, 사회적 욕구나 문제를 가진 이들에게 필요한 사회서비스를 제공할 수 있는 수단으로 주목받고 있는 것이 사회적 경제이다. 이탈리아의 경우, A형 사회적 협동조합은 주로 사회적 약자에게 돌봄, 보건, 교육, 체육 및 레크리에이션 서비스를 제공하며, 이를 위해 지역공동체 시설을 운영하거나 재가방문 서비스를 제공한다. B형 사회적 협동조합은 장애인 등 취약계층의 사람들에게 일자리를 제공하는 것을 목적으로 한다. 2003년 이탈리아는 6,000개의 사회적 협동조합이 활동하고 있고, 자원봉사자를 제외하고도 22만 명의 고용을 유지하고 있다.Zamagni & Zamagni, 송성호 역, 2014[4]

사회서비스가 확대되면 사회적 취약계층의 비중이 높은 고령자들은 사회적 경제로부터 일자리 기회를 통해 소득을 획득할 수 있는 길이 열릴 수 있고, 필요한 사회서비스를 제공받을 수 있는 시스

---

4   Zamagni, S. and Zamagni, V. 저, 송성호 옮김(2014), 『협동조합으로 기업하라』, 한국협동조합연구소·북돋음, pp.132-133.

템도 확보할 수 있다. 게다가 이러한 기제가 지역사회의 공동체를 통해 연대성의 기초 위에서 이루어진다면 이윤추구의 시장경제에서 배제되어 발생하는 사회서비스의 사각지대를 줄일 수도 있다. 뿐만 아니라 국가의 획일적 계획에서 벗어나 지역공동체의 다양한 특성에 의존함으로써 서비스의 다양성과 지역 특성화에 기여할 가능성도 높아진다. 결국 사회적 경제를 통해 고용과 사회서비스가 증가하면 고령자들은 지역사회의 공동체적 삶에 포함되고 그들의 삶의 질을 개선할 수도 있을 것이다.

이 책에서는 주로 고령자들이 사회적 경제의 경영 및 생산 주체로 참여하는 사례들을 소개한다. 이렇게 볼 때 사회적 경제를 통해 '활기찬 노화'를 실천한다면 그들은 세 가지 목적을 동시에 실현할 수 있을 것이다. 첫째는 일하면서 활동적으로 노년을 보내기, 둘째는 공동체 속에서 행복하게 노년을 보내기, 셋째는 가정에서 행복하게 노년을 보내기이다. 활기찬 노화는 시민, 회사, 정부 모두를 이롭게 할 것이다. 오래 계속되는 독립적인 삶과 일 속에서 활기차게 노년을 보내는 것을 통해 개인들에게는 더욱 높은 양질의 삶과 더 좋은 건강을 주며, 고령노동자가 더욱 숙련되고 생산적인 노동력을 제공함으로써 기업의 경쟁력을 높일 수 있으며, 궁극적으로 국가 차원에서는 비용절감, 효율성 증대, 질 높은 보건복지체계를 가져올 수 있다.

사회적 경제 실천을 통한
신공동체 실현

주수현

사회적 경제란 무엇인가?

고령자들이 사회적 경제에 참여하는 것을 더 쉽게 이해하기 위해 사회적 경제가 무엇인지 살펴볼 필요가 있다. 사회적 경제에 대한 개념은 사회가 처한 시대적 상황에 따라 다양하다.

경제협력개발기구OECD는 사회적 경제social economy를 "국가와 시장 사이에 존재하는 조직들로서, 사회적 요소와 경제적 요소를 포함한다"고 정의하였다Noya and Clarence, 2007:10. 폴라니K. Polani는 "사회적 경제는 인간행위 가운데 상호배려의 정신에 입각한 호혜성과 나눔을 원칙으로 하는 재분배의 원리가 작동하는 경제"라고 정의하고 있다.

일반적으로 시민들의 수요는 다양하기 때문에 정부가 제한된 예산과 경직된 제도로는 시민들의 수요를 충족시키기가 어렵다. 또한 시장에서도 시장 메커니즘이 제대로 작동이 되지 않으면 모든 사람들에게 원하는 일자리를 공급하지 못한다. 즉, 일자리를 포함하여 최적의 서비스를 지원하지 못하는 경우가 발생한다. 이러한 상황은 시장실패와 정부실패를 의미한다. 이 경우 정부와 시장의 바깥에서 이 문제를 해결할 수 있는 경제조직이 필요하다. '사회적 경제'는 이러한 조직의 경제사회적 활동이 근간을 이룬다.

사회적 경제에 대한 규범적 정의와 관련하여 드푸르니 등Defourny and Delveterre, 1999:16은 "이윤보다 회원과 공동체에 대한 서비스, 경영의 자율성, 민주적인 의사결정, 수익배분에 있어서 자본보다는 사람과 노동의 중시"라는 4가지 원칙을 제시한 바 있다.

사회적 경제 조직은 공동체에 대한 명확한 목적을 가지고 연대의 힘에 의해서 사회적 평가가 높은 사업을 만들어 낸다. 시민, 생산자, 소비자의 다양한 욕구에 유연하게 대응함으로써 새로운 시장을 창출할 수도 있다. 또한 사회적 경제조직은 최근들어와 신자유주의나 글로벌화가 심화되면서 발생하고 있는 시장경제의 부정적 문제를 해결하면서 '시장과 공존하는' 새로운 경제활동 영역이라고도 할 수 있다. 이와 같이 사회적 경제에 대한 다양한 개념은 현실적 문제를 해결하기 위한 경제주체들의 대응방식과 각 사회가 처한 경제적 환경의 특성에 따라 나타난 결과이다.

물론 사회적 경제에 포함되는 경제조직도 다양하다. 국가별로 사용하는 용어와 개념도 차이가 있다. 대표적인 사회적 경제조직으로는 유럽위원회European Commission, 2000가 제시하고 있는 협동조합, 상호공제조합, 비영리조직, 재단, 사회적 기업이다. 여기서 사회적 경제의 핵심 조직이 협동조합과 사회적 기업이다. 협동조합에 대한 개념은 국제협동조합연맹ICA:International Cooperative Alliance이 1995년 9월에 열린 맨체스터 대회에서 발표한 성명에 잘 나와 있다. '협동조합의 정체성에 대한 성명The International Cooperative Alliance Statement on the Cooperative Identity'을 보면, "협동조합은 공동으로 소유하며 민주적으로 운영하는 사업체를 통하여 공통의 경제적·사회적·문화적인 필요와 바람을 충족시키기 위하여 자발적으로 연대한 사람들의 자치 조직"으로 정의하였다.

사회적 기업에 대해서는 다양한 정의가 있지만 우리나라의 사회적기본법의 2조 1항이 잘 제시하고 있다. 이에 따르면 "취약계층에게 사회서비스 또는 일자리를 제공하거나 지역사회에 공헌함으로써 지역주민의 삶의 질을 높이는 등의 사회적 목적을 추구하면서 재화 및 서비스의 생산·판매 등 영업활동을 하는 조직"이라고 정의하고 있다.

사회적 경제와 유사한 개념으로 사용하는 용어는 연대경제solidarity economy, 시민경제civil economy, 자원활동조직voluntary organizations, 독립부문independent sector, 제3섹터the third sector, 비영리조직non-profit organizations 등이다.

사회적 경제조직의 발전과 관련하여 가장 오랜 전통을 가지고 있는 프랑스의 경우, 사회적 경제 혹은 연대경제라는 용어를 사용한다. 이 용어는 공공경제와의 관련성을 강조한다. 연대경제는 사회운동으로부터 멀어진 사회적 경제의 반성으로부터 나왔다. 여기에는 국가가 중심이 되어 주도해 온 복지프로그램의 문제에 대한 개혁을 담고 있다. 즉, 복지프로그램에는 관료제 폐해와 중앙집권주의가 가진 일방성의 문제가 내재되어 있다. 프랑스와 역사적 연계성이 높은 캐나다는 프랑스의 사회적 경제의 전통을 어느 정도 수용하고 있다. 즉, 사회적 경제를 시장경제와는 확연하게 구분하고 공공경제와도 차별성을 보여준다. 특히 사회적 경제의 지역개발을 강조하면서 지역공동체 이익을 위한 관점에서 사회적 경제라는 용어를 사용하고 있다. 이탈리아의 경제발전 과정을 보면 협동조합과 가내공업이 사회적 경제의 중요한 기반이 되고 있다. 가내공업에서 발전한 중소

기업들이 다양한 네트워크를 형성하여 지역경제를 활성화시키고 있다. 이런 전통과 연계하여 이탈리아는 시장경제에 대한 대립적 개념보다는 시민경제라는 용어를 사용한다. 영국은 전통적으로 자원활동 조직이라는 용어를 선호한다. 자원활동 조직은 자선기관과 비영리민간단체들의 활동을 총칭하는 개념이다. 주로 단체의 활동 목적이 저소득층의 빈곤문제, 종교와 교육의 진흥과 같은 공익성을 중심으로 공식적인 자격을 얻은 조직들의 활동을 의미한다. 미국에서는 시장실패와 정부실패를 보정하기 위해 제3섹터 조직을 도입하고 있다. 영리추구와는 일정한 거리가 있는 제3섹터는 비영리조직, 독립부문이라고도 부른다장원봉, 2006:30. 비영리부문은 정부와는 독립적 관계로 이윤을 구성원에게 배분하지 않는 자발적 조직이다. 따라서 유럽의 제3섹터인 협동조합은 조직의 공동체 이익을 추구한다는 점에서 미국과는 상이하다. 미국과 유럽의 정치적 환경과 경제시스템의 형태가 다르다는 점을 감안하면 사회적 경제와 비영리부문에 대해 서로 다른 견해를 가지고 있다는 것은 자연스럽다. 사회적 기업에 대해서도 동일한 용어를 사용하고 있지만 그 내용에는 차이가 있다. 미국의 경우, 영리기업과 비영리기업을 다 포괄하는데 비해, 유럽은 공익성을 중심으로 사회적 목적과 운영의 자율성, 사람중심의 의사결정구조, 이윤배분의 제한 등 규범적 내용을 강조하고 있다.염형식, 2008:105

우리나라의 경우, 사회적 경제 또는 사회적 기업에 대한 논의는 신자유주의로 인한 양극화, 빈곤, 일자리감소 문제를 완화하기 위한 대응 차원의 성격이 강하다. 사회적 경제가 본격적으로 주목받는 시기는 경제위기 기간이었다. 1997년 말에 초래된 아시아의 외환위기와 2008년 글로벌 금융위기를 거치면서 신자유주의의 폐해는 고스란히 개인의 삶의 수준을 악화시켰다. 그 결과 맹목적인 성장률이 문제가 아니라 성장의 방식에 대한 성찰이 나타나기 시작한 것이다. 이러한 배경 속에서 사회적 경제의 다양한 조직들은 새로운 대안으로 등장하였다.

우리나라 사회적 경제의 개념과 내용은 2014년 발의된 사회적경제기본법에 잘 제시되어 있다. 사회적 경제는 그 조직으로서 사회적 기업을 포함하여 사회적 경제의 중요성을 밝히고 있다. '사회적경제기본법'에 나타나 있는 사회적 경제의 개념을 보면 "사회적 가치를 추구하는 모든 경제적 활동"이라고 정의하고 있다. 법안의 발의 취지는 "경제의 고속성장으로 양극화가 심화되었고, 이로 인해 내부로부터의 붕괴위기에 직면한 공동체를 살리기 위한 것"이라고 제시하였다. 건강한 공동체는 사회적 가치에 기반하고 있다. 이 사회적 가치는 빈곤을 해소하는 복지, 따뜻한 일자리, 사람과 노동의 가치, 협력과 연대의 가치, 지역공동체의 복원, 그리고 이러한 것들을 추구하는 사람들의 선한 정신과 의지 등이다. 우리나라의 사회적 경제조직은 사회적 기업, 협동조합, 마을기업, 자활기업, 농어촌공동체회사 등을 포함한다.사회적경제기본법, 2014

사회적 경제의 발전과정을 보면 지역이 처한 환경과 시대에 따라 상이하지만, 공동체 이익을 향상시키는 것을 목적으로 한다는 점에서는 동일하다. 특히 민간 영역의 자발적 참여, 내부 구성원 간 민주적 의사결정, 공동체와 지역사회에 대한 기여, 사회적 가치를 중시하면서 경제적 목표를 추구하는 것 등은 공통적인 구성요소이다. 그러므로 사회적 경제는 개별 사회구성원뿐만 아니라 사회공동체의 필요와 관련된 모든 분야에 적용 가능하다. 특히 고령화가 심화되는 사회에서는 '활기찬 노년'을 위해 필요한 고령자의 일자리 창출뿐만 아니라 사회적 참여를 위해서도 중요한 몫을 감당할 수 있을 것이다.

사회적 경제의 등장과 발전

사회적 경제는 근세 이후 자본주의가 태동하고 성장하는 과정에서 탄생하고 발전해 왔다. 중세 봉건제 사회에서 자본주의로 이행하는 과정은 자본축적의 역사였다. 자본 축적의 과정은 임금노동을 기반으로 하며 이 과정에서 노동의 소외가 발생한다. 여기서 분배와 관련된 생활의 문제가 중요하게 등장하였다.

자본주의 초기에는 근대적 생산방식이 일반화되면서 대규모 노동 수요가 필요했다. 그러나 농촌에서 도시로 이주한 노동자들이 직면한 것은 저임금노동과 산업화 초기의 열악한 의료, 교육 환경이었다. 따라서 노동자들은 열악한 노동환경을 해결하기 위해 다양한 공제조합을 만들기 시작한다. 또한 노동자들은 스스로 생산수단을 소유하여 생산을 조직하는 생산조합과 적정가격으로 생필품을 구매하기 위한 소비조합을 만들었다. 이러한 조합은 직업적 동질성과 지리적 인접성이 중요한 기반이 되었다. 이것이 사회적 경제의 출발이다.

이처럼 전통적 개념의 사회적 경제는 자본의 지배력 확대와 노동자의 생활 불안정에 맞서 동업조합, 상호공제조합, 협동조합을 만들어 협동적인 생산과 소비를 만들어냈다. 그들은 사회적 약자의 신분을 넘어 의사결정에 직접 참여하였고, 단체 내 회원 간의 교류를 확대함으로써 열악한 생활조건을 개선해 나갔다.

사회적 경제가 처음 출발했던 19세기에는 많은 사상가들이 나타나 새로운 사회의 설계에 참여하기 시작하였다. 사회주의자인 생시몽Saint Simon과 푸리에Fourier는 산업자본주의로 인한 불평등과 빈곤을 해결하기 위해 새로운 사회질서를 역설하였다. 그들은 '사회, 경제적 목적을 지닌 협동조합을 정치적 도구로 삼아 자유주의 시장경제를 새로운 사회경제체제로 대체해야 한다'고 주장하였다. 프루동Pierre Joseph Proudhon은 생산자와 소비자 사이를 매개하는 자산이 양자 사이의 이익을 탈취한다고 보았고, 이러한 문제를 해결하기 위해 생산자와 소비자가 협동조합을 조직하여 이해관계를 조절해야 한다고 주장하였다. 협동조합과 같은 기구를 통해 도출된 상호적 합의를 근거로 하는 사회가 건강한 사회라고 보았던 것이다.Bidet, 2000

19세기 후반 프랑스의 경제사상가 샤를 지드Charels Gide는 협동조합이 다양한 이해관계를 조정하는 틀이라고 보고 소비자들의 협동을 일반화하여 사회를 재조직화할 것을 제안하였다. 나아가 협동조합을 지역사회에서 국가, 세계수준으로 점진적으로 확대하여 하나의 협동조합 공화국re'publique coope'rative으로 전환할 것을 주장한 바 있다. 그러나 이러한 구상을 현실 속에서 구현하는 것은 쉽지 않았다. 이에 따라 그는 사회적 경제를 현실 자본주의 경제의 존재를 전제로 하여 사회적 문제를 해결하는 보완적 개념으로 설정하였다.

19세기 사상가들의 다양한 주장에도 불구하고 사회적 경제는 학문적으로 정립되지 못했다. 그러나 현실 경제 속에서 프랑스에서는 1901년에 협동조합, 상호공제조합 등이 법적으로 인정받았고, 유럽 전역으로 확산되었다.

1945년 제2차 세계대전이 끝나고 유럽은 축적된 자본을 기반으로 자본주의의 전성기를 맞이한다. 시장경제의 폐해를 해결하기 위해 등장한 사회적 경제의 의미는 시장경제 속에 묻히고 만다. 왜냐하면 전후에 자본주의 모순으로 인한 위기가 완화되고 고도성장이 창출한 소득을 기반으로 복지국가가 꽃을 피우기 시작했기 때문이다. 이로 인해 사회적 경제의 핵심적 역할을 담당했던 협동조합은 그 역할이 약화되면서 시장경제 시스템에 흡수되었다. 상호공제조합도 국가가 주도하는 복지정책 속에서 복지 전달체계의 보조수단으로 바뀌었다. 그 결과 사회적 경제는 조직의 구성원끼리만 이익을 공유하는 형태로 좁은 틀 속에 갇혀버림으로써 더 이상 시장경제를 대체하는 실천적 노력은 사라지게 되었다.

선진 제국을 중심으로 자본주의가 고도성장한 시기에 자유주의자들은 개인들의 자유로운 경제활동과 시장논리에 의해 자원의 최적 배분이 이루어질 것이라고 예측하였다. 또한 경제가 성장하는 과정에서 시장의 가격 메커니즘이 잘 작동하여 자원이 효율적으로 배분될 것으로 예상하였다. 생산요소시장에서는 적정한 임금지급과 함께 노조를 중심으로 한 노동자들의 이해관계가 조정되면서 사회시스템이 조화를 이루어 갈 것이라고 보았다. 그러나 기대와는 달리 자본주의가 발전하면서 자본은 철저하게 노동을 소외시키면서 자본의 집적과 집중이 가속화되었다. 시장 메커니즘의 부정적 요소는 은폐된 채 자본의 논리가 지배하면서 사회적 경제에 대한 논의도 약화되었다.

현재 사용하는 사회적 경제의 개념은 자본주의 고도 성장기에 사용되었던 개량적 측면과는 거리가 있다. 오히려 시장경제의 부정적 영향이 누적되어 사회적 균열이 곳곳에서 발생하면서 새롭게 나타났다고 보아야 한다. 시장기제에 대한 회의로 인해, 관심의 초점은 초기 사회적 경제로 향했다. 적극적인 의미를 가지는 초기의 사회적 경제 개념이 복원되는 계기가 되었다. 이러한 복원의 배경에는 1970년대 이후 프랑스가 중심이 되어 전개한 기존의 사회경제적 활동에 대한 성찰과 사회적 경제 조직들의 노력 등이 연계되면서 나타난 결과이다.

과거 고도 성장기에 시장시스템에 흡수되었던 사회적 경제 조직들은 자신의 생활문제를 해결하기 위해 대정부 협상력을 높이고 사회적 영향력을 제고해야 한다는 것을 깨닫고 조직들 간의 연대를 모색했다. 여기에는 기존의 협동조합이나 상호공제조합 같은 사회적 경제 조직이 내부 구성원의 이익만을 추구한 것에 대한 비판도 있었다. 이에 따라 연대경제를 통해 내부 구성원이 아닌 다른 사회 구성원의 이익이나 시장경쟁에서 파생된 문제를 해결하려는 노력이 나타났다. 이후부터 연대경제는 자립지원과 사회연대라는 목적성을 강조하고 국가의 자활사업이나 연대금고 설립과 같은 공공과 민간의 협력강화를 통해 사회적 경제의 외연을 확대하기 시작했다노대명, 2007:39-40. 1970년에는 프랑스의 전국협동조합협회가 만들어지고 상호공제조합 등 다양한 조직들의 전국연대가 결성되기 시작한다. 1981년에 사회당 정부가 들어서면서 사회적 경제를 위한 부처 간 위원회가 설립되면서 사회적 경제를 제도적으로 수용한다. 이 당시 사용한 사회적 경제의 개념은 협동조합, 상호공제조합, 그리고 교육, 서비스 등 생산활동 전반을 아우르는 것이었다.

특히 1970년대에 발생한 1차, 2차 오일쇼크로 인해 경기침체와 실업이라는 스태그플레이션이 확대되면서 유럽의 복지국가들은 위기를 맞는다. 프랑스 이외의 유럽 국가에서도 위기극복을 위해 사회적 경제가 중요한 이슈가 되었다. 벨기에는 1988년 '사회적 경제를 위한 왈룬위원회Conseil wallon de l' economie sociale:CWES'를 결성하였다. 이 위원회에서는 사회적 경제에 대한 개념을 드푸르니의 4가지 원칙에 근거하는 협동조합, 상호공제조합, 민간단체에 의해 수행되는 경제활동으로 정의하였다.

1990년대 중반 이후 유럽 이외의 지역에서도 사회적 경제의 개념이 확산되었다. 특히 주목할 곳은 다양한 성공사례를 가진 캐나다 퀘벡지역이다. 퀘벡은 캐나다에서 불어를 사용하는 유일한 지역으로, 프랑스의 전통을 물려받아 캐나다의 다른 지역과 구분되는 역사와 문화의 차별성을 가진 지역이다. 이곳은 영어를 사용하는 지역과는 달리 상대적으로 낙후된 지역으로, 프랑스계가 중심이 되어 강한 독립성과 자치성을 가지고 있다.

퀘벡은 이러한 역사적 배경 하에서 1980년대부터 본격적인 사회적 경제를 추진하였다. 퀘벡의 지방정부와 시민사회단체들은 경제위기와 함께 연방정부의 재정적자로 사회복지비가 줄자 지역공동체의 경제를 활성화하기 위해 사회적 경제를 육성하기 시작한다. 퀘벡의 사회적 경제는 지역의 경제 위기를 극복하기 위한 목적으로 육성되었다. 중앙정부나 주정부가 주로 관련 법과 제도를 만들고 필요한 재정을 지원하는 가운데, 환경운동, 노동운동과 같은 다양한 시민사회운동단체들이 협동조합의 장점을 살리기 위해 주도적으로 나섰다. 사회적 경제활동 중 특히 관심을 끄는 것은 1995년에 만들어진 사회경제연대회의인 샹티에Chantier다. 샹티에의 실험을 통해 탁아서비스 부문에서 10여 년간 2만 5000명의 일자리가 만들어진다. 또한 저소득층의 주거문제를 해결하기 위해 주택 1만 호가 지어졌고, 쓰레기 재활용을 위한 사회적 기업도 수십여 개가 만들어졌다. 이러한 과정을 통해 실업상태에 있던 사회적 약자들의 취업도 이루어진다. 문화예술과 관련된 협동조합도 생겨났으며, 이를 통해 다양한 일자리가 만들어졌다. 상티에는 단순한 연대조직에서 출발한 한시적인 사회연대회의 기구였지만, 공동체의 힘이 보태지고 사회적 자본이 작동하면서 정부 내 상설기관으로까지 자리를 잡는다.새로운사회를여는연구원, 2013

사회적 경제에 포함되는 조직 중에는 협동조합의 역할이 두드러진다. 금융협동조합인 데자르댕Desjardings은 퀘벡에서 가장 큰 금융그룹이자 캐나다에서 가장 큰 금융협동조합 그룹으로 성장하였다. 생산자협동조합인 라꿉페데레La Coop fédéré와 아그로포르Agropur는 퀘벡 가공식품 소비의 50%를 담당하고 있다. 또한 노동자협동조합모델인 구급차노동자협동조합CETAM:Coopérative des techniciens ambulanciers de la Montérégie도 다양한 사업아이템이 협동조합으로 탄생할 수 있는 대표적인 사례이다. 구급차를 운영하여 사업을 하던 기존 민간업체가 수익성을 확보하지 못해 1988년에 파산하게 되자 당시의 노동조합이 노동자협동조합 형태로 회사를 인수하면서 탄생하였다. 이 조합은 현재 퀘벡 지역에서 운영되는 최대 규모의 구급업체이며, 이 지역 구급차 서비스의 30%를 담당하고 있다.새로운사회를여는연구원, 2013

퀘벡지역 사회적 경제의 성공요인에는 여러 가지가 있다. 퀘벡은 지역사회의 공동체를 기반으로 지역의 경제발전이라는 명확한 비전과 목적을 가지고 사회적 경제를 육성했다. 특히 공동체경제발전운동Community Economic Development Movement, CED과 사회적 경제가 잘 결합하여 효과적인 성과를 만들었다. 샹티에는 운영 네크워크에 경제주체를 광범위하게 포함시켜 퀘벡지역 시민사회의 모든 역량을 총동원하였다.

　퀘벡지역 경제사회의 가장 큰 장점은 지원가능한 기금이 풍부하게 형성되어 있다는 것이다. 지역사회 기금의 두 축은 금융협동조합인 데자르댕 은행과 퀘벡 노동조합총연맹이다. 노동조합 총연맹이 조성한 기금의 성격과 특성은 우리에게 시사하는 바가 크다. 퀘벡지역은 1980년대 초부터 노동자연대기금을 만들어 사회적 경제에 기여하고 있다. 노동자들은 노후 연금 마련을 목적으로 조성한 기금 중 약 60%를 사회적 경제를 통한 일자리 창출과 보전에 쓰도록 하는데 합의했다. 이는 철저하게 공동체와 지역사회에 기여한다는 목적으로 이루어졌으며, 이러한 기능들이 지역사회의 경제를 선순환하는 데 중요한 역할을 하였다고 볼 수 있다. 또한 퀘벡지역에는 과거부터 사회적 경제의 발전에 필수적인 각종 사업서비스를 제공하는 네트워크들이 존재했으며, 이들은 교육과 훈련에 집중하였다. 지역사회에 있는 대학과 연구소들은 협동조합을 위한 각종 정보를 수집하고, 캐나다의 사회적 경제에 대한 연구를 수행하여 단기 컨설팅뿐만 아니라 장기계획 수립을 위한 자료를 제공하였다.

　퀘벡에는 매년 평균 15개의 협동조합이 설립되고 협동조합들이 겪는 크고 작은 문제는 지역개발협동조합CDR 등이 지원하여 해결해 준다. 사회 구성과 현실이 복잡하고 다양해진 탓에, 협동조합이 단지 조합원만을 대상으로 한다면 역할에 많은 제한이 있을 수 있다. 따라서 협동조합은 조합원뿐만 아니라 협동조합의 직원, 주민, 이해관계자, 후원자, 지지자 등 다양한 사람들을 포괄하는 방식으로 진화 발전하고 있다. 퀘벡지역에서는 상조 장례나 노인과 장애인 재택 돌봄, 보육 등 다양한 사회서비스 분야에서도 협동조합이 만들어지고 발전하고 있다.새로운사회를여는연구원, 2013

퀘벡의 예를 통해 사회적 경제가 일시적으로 저소득층의 실업을 해소하거나 단순히 시장경제체제의 일부를 보완한다는 것으로만 생각하기는 어렵다. 사회적 경제가 공동체에 대한 뚜렷한 목적을 가지고 지역사회의 광범위한 참여를 유도한다면 현재의 경제시스템을 대체할 수도 있다는 것을 보여준다. 퀘백의 사례는 무엇보다도 새로운 경제시스템이 효율적으로 작동하기 위해서는 사회구성원들 간의 신뢰를 기반으로 하는 사회적 자본이 중요하다는 것을 보여준다.

퀘벡지역을 포함하여 사회적 경제가 글로벌 차원에서 부각된 것은 2008년 글로벌 금융위기가 발생한 시점이다. 즉, 시장경제의 취약성이 세계 금융위기로 나타나면서 신자유주의로 인한 자본의 약탈적 행위에 대응하기 위해 사회적 경제가 급부상하였다. 특히 고령화, 양극화, 저성장 등 다양한 사회적 문제를 해결하기 위해 국가혹은 시장이 아닌 시민생활에 집중하는 사회적 경제의 역할이 재조명되었다.

역사적인 배경으로 볼 때 사회적 경제는 '고전적인' 사회적 경제로부터 과도기를 거쳐 '현재의' 사회적 경제로까지 이어지면서 그 성격이 변화되어 왔다. 이는 시장경제 시스템이 유발한 다양한 문제를 해결하기 위하여 그 당시 상황에 맞는 대응책으로서 등장하였음을 말해준다.

우리나라 사회적 경제의
등장과 현안

우리나라 사회적 경제의 역사는 경제성장과 그 궤를 같이 한다. 그러나 시대에 따라 내용에는 차이가 있다. 초기에는 주로 유럽의 사회적 경제 조직인 협동조합, 상호공제조합, 민간단체와 같은 조직형태를 의미하였다. 하지만 1998년 아시아 외환위기와 2008년 글로벌 금융위기를 지나면서 우리나라 경제는 사회적 양극화가 심화되었고, 빈곤과 일자리가 격감했을 뿐만 아니라 저성장체제가 고착화되었다. 이에 따라 사회적 경제는 새로운 경제활력을 만들 수 있는 경제영역으로 개념화되었다.

여기서는 조직과 경제영역을 포괄한 관점에서 우리나라 사회적 경제의 발전과정을 살펴본다. 우리나라 최초의 사회적 경제조직은 협동조합에서 출발한다. 1960년대 초 빈곤퇴치를 위한 협동조합이 자생적으로 발생하였다. 1972년 8월에는 신용협동조합법이 통과되었고, 이에 따라 277개 조합 대표로 구성된 신용협동조합연합회가 공식적으로 발족하였다. 1983년에는 소비자협동조합운동에 대한 관심이 증가하면서 소비자협동조합중앙회가 창립되었다. 1990년대 초에는 빈민지역을 중심으로 소규모 노동자협동조합이 등장했다. 정부는 1996년에 다섯 곳의 '자활지원센터'를 설립하였고, 2003년에는 '사회적 일자리 사업'을 시행하면서 정부 주도의 사회적 경제가 가시화되었다. 즉, 사회적 경제를 취약계층이 담당하게 함으로써 자활과 일자리 창출이라는 목적을 달성하고자 하였다. 2007년에는 사회

〈표 1〉 한국의 사회적 경제조직 분류

조 직		정 의
협동조합	일반 협동조합	공동소유와 민주적으로 운영되는 사업체를 통해 경제·사회·문화적 욕구와 염원을 충족시키기 위해 자발적으로 결합한 사람들의 자율적인 결사체
	사회적 협동조합	취약계층의 고용창출이나 취약계층에 대한 사회서비스를 목적으로 설립된 비영리 협동조합, 사회적 기업의 모태
사회적 기업	일반 사회적 기업	사회적 목적을 추구한다는 점에서 사회적 협동조합과 같지만 사회적 협동조합이 비영리인 반면에 사회적 기업은 영리를 추구함
	사회벤처	창의와 혁신을 바탕으로 거둔 수익으로 취약계층에게 사회서비스나 일자리를 제공하는 등 사회문제를 해결하려는 진취적 사회적 기업
	사회적 회사	사회적 기업의 또 다른 형태인 사회적 회사Social Firm는 장애나 기타 이유로 고용조건의 취약성을 가지고 있는 사람들의 일할 권리를 보장하기 위해 이들의 고용에 초점을 맞춰 설립된 사회적 경제조직
	예비 사회적 기업	사회적 기업의 대체적인 요건을 갖추고 있으나, 수익구조 등 법상 인증요건의 일부를 충족하지 못하고 있는 곳으로 사회적 기업으로 전환이 가능한 조직
커뮤니티 비즈니스 사업		주민이 주체가 되어 지역의 문제를 지역의 인적·물적 자원을 활용하여 기업방식으로 해결하는 활동 또는 사업
마을기업		지역공동체에 산재해 있는 각종 특화자원향토, 문화, 자연자원 등을 활용하여 주민주도로 지역문제를 해결하고 안정적인 소득과 일자리를 창출하기 위한 마을 단위의 기업
농어촌공동체기업		지역주민 또는 귀촌인력이 자발적으로 농어촌 공동회사를 조직해 커뮤니티 비즈니스의 사업 영역 중 농어촌과 관련된 사업을 수행

출처 : 최석현 외(2012: 4), 박경하 외(2014: 199) 재인용.

적 기업법이 제정되었고, 2010년 마을기업 육성법, 2011년 협동조합 기본법 제정으로 이어졌다. 2014년에는 이러한 다양한 형태의 사회적 경제조직을 하나로 묶는 법안인 '사회적경제기본법'이 국회에 발의된 바 있다.

우리나라에서 사회적 경제가 중요한 이슈로 등장한 계기는 1997년 외환위기와 2008년 금융위기이다. 이 시기에 양극화가 심화되고 일자리가 급격하게 감소하면서 새로운 대안경제로 급부상하였다.

특히 1997년 외환위기 이후 노동시장의 유연화, 공공 부문의 민영화, 정부의 규제완화, 국내시장 개방 등이 급속하게 진행된다. 이 결과 노동시장 변화에 취약한 계층의 실업 증가와 고용불안정, 계층 양극화가 심화되었다. 이에 따라 열악한 생활조건을 개선하고 일자리를 만들기 위해 사회적 경제에 대한 논의가 적극적으로 시작되었다. 그 결과 사회적 경제, 연대경제, 비영리 민간단체의 조직 활동이 본격적으로 나타났다. 공공부문과 협력을 강화하면서 사회적 기업의 창업이 활성화되었다. 사회적 경제조직들이 주로 담당했던 경제분야는 생산활동 분야로, 정부나 시장이 공급하지 못하는 재화나 서비스 부문이다. 생산의 담당자는 노동시장에서 배제된 사람들이 중심이 되었으며, 가능하면 수익성을 기반으로 한 기업 활동을 통해 지속성을 확보하려는 데 목적을 두었다.

그러다 보니 우리나라의 경우는 일자리를 창출하기 위해 정부가 사회적 경제활동을 주도하여 예산을 투입한 측면이 강한 편이다. 특히 정부가 주도하는 저소득층의 자립을 지원하기 위한 제도들은 중

장기적으로 지속성을 확보하기 어려워 사회적 기업으로의 전환이 모색되었다. 여성, 장애인, 노인 등 사회취약계층의 노동시장의 통합을 목표로 활동하고 있는 시민사회단체들도 경제활성화에 관심을 가지고 다양한 협력틀을 만들기 시작하였다. 2007년 「사회적기업육성법」은 이러한 환경을 배경으로 제정되었다. 그러나 정부가 주도하는 사업은 주로 단기적인 일자리 창출을 위해 인건비와 사업비 지원에 집중한 반면, 사회적 경제가 지속될 수 있는 생태계에 대한 지원은 없었다. 그 결과 예산이 투입되는 기간 동안에는 일자리가 유지되지만 그 이후로는 단절되는 문제가 드러났다. 사회적 기업의 경우에도 지속적인 수익이 확보되지 않고 생존력이 떨어져서, 예산지원이 종료되면 사라지는 경우가 대부분이었다. 사회적 기업이나 마을기업이 안정성을 가지고 지속적으로 성장할 수 있는 환경은 만들어지지 않았던 것이다.

실제로 정부는 단기적 성과에 집중하여 창업 수나 일자리 수 늘리기에 급급한 결과, 일자리도 취약 계층 중심의 양적 확대에만 집중되어 장기적으로 좋은 일자리를 발굴할 여력은 줄어들었다. 또한 사회적 경제의 주요 목적중 하나인 사회 서비스 제공에도 집중하지 못하였다. 즉 사회 서비스가 필요한 수요자에게 양질의 서비스를 공급하지 못하는 현실이 나타난다. 이런 상황으로 인해 사회적 경제가 시장경제의 대안이 아니며 미래가 불확실하다고 보는 사람들도 많아졌다. 하지만 상대적으로 노동시장에서 경쟁력이 낮은 고령자들에게는 일자리 확보의 기회가 주어졌다는 긍정적인 측면을 간과

할 수는 없다.

한편 정부가 주도했던 사회적 기업 및 마을기업과는 다른 사회적 경제조직으로 협동조합이 있다. 협동조합은 민간이 활발하게 움직이고 있어 사회적 경제조직으로 주목받고 있다. 5명만 있으면 설립이 가능하고 수익에 대한 부담도 덜하다. 특히 협동조합은 '1원1표주의'가 아니라 '1인1표주의'이므로, 구성원 한 사람 한 사람이 의사결정에 참여하고 가입과 탈퇴가 자유로워서 자본으로부터 통제와 간섭을 받지 않는다. 또한 조합 구성원들의 수요에 맞는 서비스를 제

〈표 2〉 협동조합, 사회적 기업, 자활기업, 마을기업의 제도적 차이 비교

구분	협동조합	사회적 기업	자활기업	마을기업
사업주체	공동출자자 (최소 5인 이상)	대부분 대표자 1인	2인 이상 (조합 또는 공동사업자 형태, 1인 창업 가능)	공동출자자 (최소 5인 이상, 주민 70% 이상)
주참여자	일반시민 및 이익집단	취약계층	수급자 및 저소득층	지역주민
사업목적	조합원의 경제적 이익	취약계층 고용창출, 사회서비스 제공	탈빈곤, 자활	지역문제해결, 지역사회공헌, 지역활성화
주무관청	기획재정부	고용노동부	보건복지부	안전행정부 및 지방자치단체
법적근거	협동조합 기본법	사회적기업 육성법	국민기초생활 보장법	–

출처 : 박경하 외(2014: 206).

공한다는 측면이 중요하며, 자본금도 조합원의 출자금으로 구성된다. 이와 같이 협동조합은 많은 장점을 가지고 있어 사회적 기업과 마을 기업의 대안으로 확산되고 있다.^{표2 참조}

특히 공유경제, 사회적 금융 등과 같이 다양한 분야에서도 협동조합의 형태가 확대되고 있는 추세이다. 뿐만 아니라 앞으로는 고령자가 중심이 되면서 양질의 일자리와 사회서비스를 추구할 수 있는 협동조합 모델도 적용 가능할 것이다. 게다가 1차 베이비붐세대가 노인집단에 진입하게 되는 점을 감안하면 그들의 지속적인 경제활동 수요를 충족시켜주기 위해 경쟁력 있는 협동조합의 사업 발굴이 중요한 사안이 될 것이다.

우리나라에서 사회적 경제의 향후 역할

사회적 경제는 다양한 조직이 생겨나고 그 영역이 확대되고 있어 우리 사회의 미래와 관련하여 중요한 의미를 부여해 볼 수 있다. 사회적 경제의 중심이 되는 협동조합과 사회적 기업의 핵심적 역할을 살펴보면 다음과 같다.

먼저 사회적 경제조직이 시민들의 사회적 수요에 대응함으로써 시장실패와 정부실패로 인해 발생할 수 있는 여러 가지 문제점을 완화할 수 있다. 왜냐하면 사회적 경제조직이 생산하는 대표적인 사회서비스는 시장 기능에 맡겨 놓으면 바람직한 수준으로 생산되지 않기 때문이다. 또한 여기에 정부가 간여할 경우에도 서비스의 생산과 소비사이에 존재하는 정보의 비대칭성 문제 등을 해결하기는 어렵다. 게다가 사회적으로는 필요하지만 수익성이 없는 경우 서비스는 시장 기능에 의해 공급되지 않는다. 이러한 서비스는 시민들의 욕구가 다양해지면서 시장의 사각지대에서 많이 발생하고 있다. 하지만 예산제약 속에 있는 정부로서도 이에 대한 공급에는 한계가 있다. 반면 협동조합은 아주 낮은 이윤만으로도 그 조합원들의 필요를 반영시킨 서비스나 생산품을 만들어낼 수 있다. 이것은 일반기업이 시장을 통해 이윤 극대화를 추구하는 원리와는 다르다. 이러한 서비스 중에는 정부가 제공하지 않는 것도 많다. 예를 들면 정부가 공급하고 있지 않은 서비스지만 사회적으로는 필요한 것으로 고령자 케어, 저소득층 교육 등을 들 수 있다. 이러한 서비스는 협동조합, 협동조합 간 협력, 또는 협동조합원들의 봉사활동이나 기부에 의해 수익률이 거의 없어도 공급이 가능하다. 또한 사회적 경제 조직도 사업의 설계가 잘 이루어지면 충분한 수익률을 확보할 수도 있다.

둘째, 협동조합은 분산적 소유와 민주적 통제라는 특성으로 인해 일반기업과는 다른 원리가 작동한다. 소유형태와 목적이 다양하므로 시장의 경쟁을 촉진할 뿐만 아니라 시장실패를 완화하는 완충 작용도 할 수 있다. 이는 경제적 안정성을 제고시킨다. 특히 금융과 같이 외부적 충격에 민감하거나 농업처럼 자연의 환경에 많이 좌우되는 경우는 미래에 대한 예측이 어렵고 불안정한 시장에서 그 영향도 크다. 유럽의 협동조합은행, 캐나다 퀘벡의 금융조합, 북미의 신용협동조합은 경기후퇴기에서도 재무적 안정성이 뛰어나 서민대출의 지속성을 확보해 주며 경기불안정의 요소를 완화해 주었다. 협동조합은 기본적으로 조합원의 이익을 증대시킴으로써 임금, 고용의 안정뿐만 아니라 생산물의 가격에도 안정성을 강화해 주는 역할을 담당하는 것이다.

셋째, 사회적 경제조직은 단기차원의 이윤극대화가 아니라 장기적 관점에서 조합원과 지역사회에 기여할 수 있다. 협동조합의 경우, 지역사회의 발전을 위해 조합원에게 돌아갈 이익의 일정 부분을 내부에 유보시킬 수 있다. 이것은 지역사회뿐만 아니라 미래세대를 위해 생산적 자산으로서 기능하여 지역발전에 기여한다. 또한 일자리를 창출할 뿐만 아니라 이를 통해 소득증대에도 기여하므로 지방정부의 예산 부담을 덜어준다.

마지막으로 다양한 이해관계자들의 참여를 보장할 뿐만 아니라 지역에 기반하고 있으므로 신뢰를 기반으로 하는 사회적 자본의 형성에도 기여한다. 이러한 사회적 자본은 장기적으로 지역뿐만 아니라 국가발전에 기여하며, 결과적으로 협동조합은 시민사회를 발전시켜 가는 데 중요한 수단으로서 작용하게 된다. 이는 지역의 경제 주체들이 지역의 자원활용의 효율성을 극대화함으로써 성장의 동력을 확보해 나가는 내생적 발전의 원천이 될 수 있음을 의미한다. 특히 여성, 고령자, 장애인, 저소득층 등 사회적 소외계층이 생산적 활동에 참여할 수 있는 기회가 확대됨으로써 사회의 공동체성을 회복해 나갈 수 있는 동시에 포용적 성장inclusive growth을 위한 물적 기반을 강화해 나갈 수 있을 것이다.

저출산 고령화와
사회적 경제의 성장

유럽의 사회적 경제는 자본 집적과 집중으로 인해 발생한 시장체제의 폐해를 해결한다는 성격이 강했다. 그러나 자본주의가 고도로 발전하면서 시장체제에 대한 대안적 성격으로서 사회적 경제는 체제 내에 흡수되어 역할이 약화되었다. 하지만 1970년대 이후 소득불평등의 심화와 경제위기에 따른 성찰과 사회 연대에 의한 경제 활동이 활발해지면서 사회적 경제는 원래의 성격을 찾게 되었다. 이 과정에서 나타난 사회적 기업과 협동조합은 공동체의 이익을 증대시키기 위한 목적을 중심으로 활성화되었다. 물론 복지국가의 한계를 극복하고 저출산과 고령화로 인한 사회문제에 대응한다는 성격도 지니고 있다.

자본주의 성숙에 따라 저성장이 일반화되고 고령화가 심화되면 은퇴하는 고령자들의 일자리 문제가 심각해진다. 또한 사회복지비 지출 확대로 인해 정부의 재정 부담도 가중된다. 특히 은퇴 이후 고령자의 생활을 보장하는 사회복지 체계가 완비되지 않은 지역에서는 대체로 정부보다는 가족이 중심이 되어 고령의 가족을 돌보고 재정적으로 지원하였다. 그 결과 경제활동을 하는 세대에게 그 대가는 대단히 컸다. 고령가족을 부양하는 경제활동세대는 미래 사회가 필요로 하는 저축도 어려워지고 고용기회와 생산성의 희생도 증가하였다. 이러한 사회 구조에서는 고령화가 심화될수록 가족 내 구성원 간의 사적 이전은 한계에 직면하게 된다. 고령자를 부양하고 있는 경제활동인구가 더 이상 고령 가족원의 유일한 소득원이 되기도 어렵다.

한편 사회보장제도가 성숙되지 못한 사회에서 고령자의 직장으로부터의 은퇴는 바로 소득원의 단절을 가져온다. 이는 노년기의 경제적 어려움으로 이어진다. 뿐만 아니라 경제적 결핍은 사회적 고립과 더불어 건강까지 위협하므로 그들을 위한 사회적 비용을 급증시킨다. 또한 젊은 층의 경우에도 소득원이 없어 결혼이 늦어지게 되고, 심지어 최근에는 무자녀 가구도 조금씩 나타나고 있다. 이것은 사회적 차원에서는 저출산 문제와도 직결된다. 또한 사회적인 노동공급의 제약과 함께 개인적으로는 소득의 감소로 이어져 계층 간의 불평등을 심화시키는 결과를 초래한다.

사회적 불평등에 대해 인간다운 생활을 하고 나아가 장래를 위한 저축을 하기 위해서는 누구라도 국가로부터 교육, 고용, 보건의료 등 기본적 사회서비스를 손쉽게 이용할 수 있도록 보장받아야 한다. 그렇지만 이러한 분야는 사회적 수요는 많으나 서비스에 대한 수익성이 낮아 사회에서 필요한 만큼의 생산물, 즉 사회서비스가 공급되지 않는다. 정부도 이러한 사회서비스를 시민들에게 충족시키기에는 재정의 한계를 가지고 있다. 게다가 다수의 수요자는 시장가격을 지불할 만큼 소득을 가지고 있지 않은 편이다. 미비한 사회보장제도와 적절한 소득원이 없어 사회복지 서비스가 시장의 가격 메커니즘을 통해 수요와 공급의 균형이 달성되지 않는다는 것이다. 그러므로 결과적으로 사회복지서비스의 수요와 공급에서는 시장실패가 발생하고, 정부 역할의 한계가 드러나는 것이다.

시장실패와 정부실패의 문제는 시장경제보다는 사회경제를 통해 해결하는 것이 바람직하다. 이와 관련하여 최근의 사회적 경제 조직은 저출산과 고령화 사회에서 중요하게 부각되고 있는 보육, 의료, 돌봄 등 사회복지 서비스 분야에 집중하는 경향이 있다. 즉, 시장에 의해 서비스가 공급되지 않고 서비스의 질도 보장할 수 없으므로 서비스가 필요한 사람들끼리 협동조합을 구성하여 영리를 추구하지 않더라도 효율적으로 운영하는 것이다.

한편 이 맥락에서 고령자들이 필요로 하는 것은 기본적으로 유연한 고용기회를 확보하여 소득을 얻는 것이다. 또한 이를 통해 지불 가능한 요금의 건강의료 서비스도 가질 수 있다. 게다가 고령자들은 사회전반에서 적극적으로 활동하고 싶어 할 뿐만 아니라, 존경받는 사회구성원으로 남기를 원하기도 한다. 실질적인 혜택과 함께 사회적 가치까지 추구하기를 원한다는 것이다. 그러므로 사회적 경제를 정착시켜 젊은 세대와 노년세대 모두에게 필요한 기회를 확대하고 그들의 삶의 질을 향상시켜 주는 것은 우리 사회가 해결해야 할 과제이다. 이러한 맥락을 볼 때 앞으로 저출산 고령화가 더 심화될 것을 전제로 한다면 나눔과 연대를 특징으로 하는 제3섹터로서의 사회적 경제의 확대발전 당위성은 충분할 것이다.

한편 일자리 창출의 관점에서 보더라도 고령자를 흡수할 수 있는 사회적 경제인 사회적 기업과 협동조합은 확대될 가능성이 높다. 실제로 일본에서는 단카이 세대¹를 중심으로 사회적 기업 형태인 커뮤니티 비즈니스 영역을 개척하여 상당한 성과를 거두었다. 이는 공공과 민간이 공동으로 퇴직자들을 지역사회로 유입하기 위해 펼친 다양한 노력의 결과이다. 우리나라도 인구구조의 특성상 베이비붐세대를 흡수하여 사회적 경제를 확대할 수 있는 방안이 적극적으로 강구되어야 하는 시점이다.

사회적 경제조직이 저출산과 고령화 문제를 해결하기 위한 방식으로 사회 서비스를 제공하는 경우에는 이윤창출을 하면서도 이 서비스와 관계를 가질 수 있는 소비자, 지역공동체, 생산자 모두의 이익을 창출할 수 있는 유용한 수단이 되어야 한다. 중고령자들이 주로 참여하게 되는 사회 서비스의 경우에는 참여자들에게는 안정된 일자리를 제공함으로써 그들을 공동체의 일원으로 통합시키는 연대와 공생의 기능도 있다. 이때 참여 고령자들의 역할은 극대화된 협동조합일 수도 있고, 때로는 사회적 경제 외부에서 부분적 혹은 일시적으로 결합되는 소극적인 형태일 수도 있다. 또한 정부차원에서는 고령자를 위한 복지예산 편중에 따른 갈등비용을 줄일 수 있으며 은퇴한 중고령자의 생산적 기여를 통해 정부의 복지재정 부담을

---

1   1947년에서 1949년 사이에 태어난 일본의 베이비 붐 세대로, 1970년대와 1980년대 일본의 고도성장을 이끌어낸 세대이다.

완화시킬 수도 있다. 결국 고령자들이 사회적 경제활동에 적극 참여하면 개인적인 차원이나 사회적인 차원 모두에서 바람직한 결과를 가져오게 될 것이다. 개인적인 차원에서는 그들의 삶의 질이 높아지고, 사회적으로는 부족한 경제활동인구가 보충될 뿐만 아니라 사회적 자본이 확장될 수도 있다. 이것은 곧 우리가 추구하는 활기찬 노화를 실현하는 방법 중 한가지이다. 우리는 모두 늙어갈 것이므로 활기찬 노화를 우리 자신의 목표로 인식하고 사회적 경제와 연계하여 건강한 공동체를 만들어가는 데 더 많은 관심을 가져야 한다.

다음 장에서는 우리나라에서 고령자들이 주도하는 사회적 경제 중에서 창의성, 건강함, 연대성, 지속가능성이라는 키워드를 가진 사례들을 각 지역별로 고루 소개한다. 각 사례들은 이들 키워드 중 적어도 한 가지는 가지고 있다고 생각한다.

PART 2

초고령 사회의
삶터와 일터

장수마을 동네목수

－ 서울 성북구

강 동 진
경성대학교 건설환경도시공학부 도시공학전공

장수마을은 서울성곽에 인접해 있는 전형적인 구릉지 저층 주거지의 경관을 보여주는 곳으로, 1968년 불량건물지구로 지정되었고, 2004년 서울시 도시주거환경정비계획에서 재개발예정구역으로 지정되었으나 문화재보호구역이라는 지리적 여건으로 인해 사업수익성이 낮아 사업진행이 되지 못한 노후불량 주거지이다.

2007년 말 대규모 전면철거 정비방식에 대한 대안을 찾고 있던 성북구 주거복지센터, 한국도시연구소 등은 주민과 함께하는 주거지재생의 시범대상지로 장수마을을 선정하였고 이들 참여주체는 '대안개발연구모임'이라는 명칭으로 2008년부터 대안개발에 대한 모색을 시작하여 주민들과 함께 마을만들기를 추진하였다. 대안개발연구모임은 주민워크숍을 진행하면서 마스터플랜을 작성하였고, 2009년에 '장수마을주민협의회'를 창립하면서 마을 변화에 본격적인 노력을 가했다. 이듬해인 2011년에 주택개보수사업을 위해 마을기업인 '동네목수' 등을 설립하면서 장수마을을 기존 주민들과 함께 지역특성을 유지할 수 있는 계획과 사업추진을 본격화했다. 결과적으로 장수마을은 2013년 재개발예정구역을 해지하고 주거환경관리사업으로 전환하여 기반시설 정비와 주택개량, 경관관리 등이 꾸준히 이루어지고 있다.

삼선교역지하철 4호선에서 내려 따사한 봄볕이 내리는 삼선동 언덕길을 따라 한참을 올라가니, 높다란 성벽들이 줄을 서 있다. 두텁고 높다란 한양도성 아래 경사 자락에 적어도 사오십 년은 되어 봄직한 낡고 작은 집들이 옹기종기 모여 있다. 골목 곳곳에 페인트가 희미해지거나 벗겨진 오래된 벽화들과 봄을 기다리는 빈 고무 화분들, 그리고 한적한 계단길들은 우리나라의 전형적인 경사 주거지역을 대변하고 있다.

골목과 언덕 곳곳에서 집 사이로 펼쳐지는 마을풍경 속에서 예사롭지 않게 빤짝거리는 집들이 눈에 들어온다. 이 빤짝거림의 주인공들은 바로 장수마을의 마을기업인 '동네목수'의 손이 스친 집들이다. 가지런한 경사지붕 아래 깔끔하게 옷을 갈아입은 집들이 곳곳에 자리를 잡았다.

마을카페에서 (주)동네목수의 박학룡 대표를 만났다. 골목길에서 조금 높은 곳에 자리 잡은 카페는 2012년 5월에 마을 빈집을 개조하여 개업을 했다. 이곳은 동네목수가 직접 운영하며, 마을을 찾는 방문자들의 휴식처이자 주민들의 아지트로 활용되고 있다.

**대표님은 왜 장수마을을
선택하셨는지요?**

2007년 녹색연합 녹색사업연구소에서 생태도시 시민강좌 프로그램에 참여하던 중, 프로그램의 과제

빤짝거리는 집들

대상지로 장수마을을 선택한 것이 인연의 시작입니다. 장수마을 근처에 살면서 오랫동안 눈여겨보아 온 곳이었지요.

너무 열악한데도 수익성이 없다는 이유로 버려둔 곳이었어요. 그래서 저는 상징적인 곳으로 변화시키고 싶었습니다. 특히 녹색사회연구소 소장이셨던 김경화 선생께서 이 제안을 눈여겨봐 주셨죠. 결국 이 안이 2007년 말에 서울시의 대안형 주거지재생의 시범사업지로 선정됩니다. 걱정을 했던 주민들께서 다행히도 큰 관심을 보여 주셨습니다. 이러한 과정이 7여년 지속되었고, 결국 2013년에 재개발예정구역이 해지되고 주거환경관리사업 대상지로 전환되었지요. 어떻게 보면 장수마을의 혁신적 대안을 본격적으로 고민하기 시작한 2008년이 장수마을에 있어 매우 소중한 해였다고 볼 수 있습니다.

장수마을의 모습

**대표님께서 마을에서 그런 생각을
본격적으로 추진하시게 된 계기가
무엇이었습니까?**

2007년 말에 장수마을이 대안형
주거지재생 시범마을로 선정된 후, 2008년에 '대안개발연구모임'을
결성하고 마을의 다양한 변화를 모색하기 시작했습니다.

현실적으로 지역활성화사업은 단기책이었고, 공공기반시설은 확
충되나 정작 필요한 주민 삶의 변화는 일어나지 않았습니다. 각종 마
을의 지원사업들은 공공기반시설이 중심이고 개인집에 대한 지원이
없기 때문이었지요. 결국 사적私的 영역의 변화가 일어나지 못하다 보
니 많은 돈은 투입되지만 삶의 빈곤과 낙후된 현실은 벗어나지 못하
고 있었어요. 투입된 노력과 비용에 비해 효과가 미미했습니다. 이런
식의 공공사업에 대한 회의가 크게 일어났어요. 그때 생각한 것이 마
을기업이었습니다. 겉포장이나 형식적인 변화가 아닌 주민들의 삶에
변화가 일어나는 실질적인 일을 해야 한다고 생각했습니다.

동네목수 로고(명함)

한양도성으로 이어지는 길목에 자리 잡은 마을카페

동네목수의 지난 과정을
알고 싶습니다.

　　　　　　　　동네목수는 장수마을의 주택개량과 환경개선을 위해 2011년에 마을기업 동네목수를 창립했는데, 당시 행정안전부 사업에 응모하여 선정되었어요. 그래서 창업이 가능했습니다. 이듬해인 2012년 4월 2일에 법인주식회사로 전환되었지요. 주민주주도 모집했고, 또 자립구조를 목표로 했습니다.

　처음에는 '관리부문'과 '시공부문' 모두에 관심이 있었어요. 그런데 해보니 장수마을 같은 환경에서는 관리부문만큼은 쉽지 않은 일임을 깨닫게 되었죠. 수익모델이 되지 못했습니다. 주민들은 주택관리에 대한 지속적인 지불의사가 없기에 투입비용을 환수할 수가 없는 것이었습니다. 그래서 지금보다 사정이 나아지면^{시장환경과 주민의식이 향상될}때 관리부문은 시공의 병행사업으로 해 볼 생각입니다.

　지금은 시공에 집중하고 있습니다. 2013년부터 시작된 주택개량시범사업은 지원금 5억을 가지고 총 168가구 중 50~70가구의 수리를 목표로 하고 있습니다. 먼저, 2013~14년에 25여 가구가 수리되었습니다. 수리는 천만 원 한도^{외부경관개선의 50% 지원} 내에서 지원을 하는데 자부담 50%를 합쳐 진행이 됩니다. 자부담 때문에 주민들에게는 그리 쉬운 일이 아니지요. 수리를 쉽게 결정하지 못할 때도 많습니다. 수리의 순서는 현지거주자와 취약계층이 우선입니다. 현재까지 큰 무리없이 진행 중에 있습니다.

　올해^{2015년}는 2억 정도의 지원금으로 20가구를 수리하는 것이 목표입니다. 구체적인 지원내역은 6월이 지나야 결정됩니다. 그래서 상반기에는 외부 일[인터뷰 당일2015.4.10.]에도 원당에 집수리가 진행 중이었다을 하며 동네목수를 운영하고 있습니다. 사실 동네목수는 못하는 일이 없습니다. 문패달기에서부터 슬레이트지붕 개량, 심지어 전셋집의 수리와 부동산 중개소의 역할도 하고 있지요. 또한 주민협의체의 활성화를 위한 여러 지원[프로그램 운영과 의사결정과정을 리드]을 하고 있습니다.

동네목수의 현재 상황(직원, 규모, 재원 등)을 알고 싶습니다.

총 9명이 일을 하고 있습니다. 제가 대표이고, 전문가[외부]인 현장소장, 작업반장, 직원들, 그리고 회계처리와 각종 운영지원을 하는 사무직원 등으로 구성되어 있습니다.

현재 주민협의회 대표와 사무장이 직원입니다. 일자리 창출을 통해 마을을 돕고 있지요. 직원 월급은 기본급 150만 원을 맞추려 노력하고 있습니다. 작업반장 등은 상향 조정되어 지급되고, 현장소장은 수당 등을 합쳐 300여만 원 선입니다. 연령은 60대 초반에서 20대에 이르기까지 다양합니다. 모두 멀티풀 능력을 발휘하고 있습니다.

동네목수의 업무 중
가장 특별한 일은 무엇입니까?

사실 동네목수가 하는 일은 매우 평범합니다. 주택수리가 필요한 집들을 수리하는 것이 주 임무다 보니 그리 특별한 일은 없지요. 굳이 꼽는다면 '순환임대주택'을 들 수 있겠습니다.

2011년 11월에 동네목수가 서울시 혁신형 사업적기업에 선정되었어요. 약 10대 1의 경쟁이었는데 운이 매우 좋았습니다. 그때 우리가 제안한 것이 마을 빈집을 리모델링하여, 공사기간에 거주할 곳이 없어 제대로 된 집수리를 포기하는 주민이나 집수리를 이유로 쫓겨나는 세입자들에게 임시거처를 제공하는 순환임대주택을 활용한 마을 재생사업이었어요.

현재 2채를 매입하여 수리를 했지요. 이곳은 단기적으로 직원숙소로 사용하기도 하고 정착과정이나 수리과정에서 필요한 짧은 기간 동안의 체류용 주택으로 사용하고 있습니다.도시가스 공사기간 중에는 공사인부들의 식당으로 사용되기도 했다

임대료는 보증금 없고, 방 한 개와 부엌을 사용할 경우 월 10~15만 원, 독채 경우는 월 30만 원 정도를 받고 있습니다. 마을 내 일반주택보다는 비싸지요. 일부러 그러는데, 너무 싸게 되면 눌러앉지 않을까하는 염려 때문입니다. 순환임대주택의 본연의 임무를 달성하기 위해 주택순환율을 높이기 위한 방법인 거지요.

㈜동네목수 주주를 모집합니다.

장수마을의 주택개량과 마을환경개선을 위해 2011년에 마을기업 동네목수를 창업했고, 올해 4월에 주식회사로 전환한 건 잘 알고 계시지요. 그 동안 여러 사람이 마을기업 ㈜동네목수의 주주가 되어 주셨어요. 어떤 분은 집수리 일에 참여하면서 받은 일당에서 약간 떼어내 주식을 구입하였고, 어떤 분은 후원의 뜻으로 쌈짓돈을 보태 주셨어요. 장수마을 주민은 아니지만 장수마을과 ㈜동네목수의 발전을 응원하며 주주로 참여하신 분도 많습니다. 이렇게 정성으로 모아주신 출자금 2500만원으로 더 열심히 활동하기 위해 장비도 추가로 구입하고, 직원도 늘렸습니다. 5월에는 카페도 정식으로 개업을 했고요. ㈜동네목수의 활동을 벤치마킹하러 많은 분들이 장수마을을 다녀가기도 했지요. 하반기에도 빈집 리모델링, 골목길 개선, 마을환경개선 등 여러 가지 일을 계획하고 있는데, 주민여러분의 참여가 큰 힘이 될 겁니다.

주식을 산다고 하면 보통은 배당이나 투자이익을 떠올리겠지만, 마을기업 ㈜동네목수의 주식을 사는 건 정든 이웃과 함께 사는 장수마을의 미래를 만들기 위한 참여와 후원에 의미를 두고 있어요. 적은 액수라도 여러 사람이 참여하여 함께 만들어가는 것이 중요하지요. 단돈 천원이라도 주주로 참여하면 ㈜동네목수의 주인입니다. 정든 이웃과 함께 사는 장수마을을 위해 동네목수의 주주가 되어 주세요.

동네목수의 주주가 되는 방법은 간단합니다. 아래 계좌에 본인 이름으로 입금을 해 주시거나, 청약서를 작성하시면 됩니다. 주식은 1주에 1천원입니다. 만원을 내시면 주식 10주의 주인이 되는 겁니다. 100주 이상 구입하시면 주택진단과 간단한 소모품 교체 서비스도 해 드립니다. 주주가 되면 자동으로 마을환경개선에도 기여하고, 서비스까지 생기니 일석이조입니다. 여러분의 많은 참여 부탁드립니다.

주식청약 문의: ㈜동네목수 대표 박학룡 (010-7178-6744, 02-747-6004)
주식청약 계좌: 신한은행 / 100-028-170013 / ㈜동네목수
청약서 접수처: 삼선동1가 294-2번지 카페 (새주소: 삼선교로4라길 4)

※ 집수리, 주택관리, 주거복지 상담도 언제든지 환영합니다. 동네목수

마을신문에 실렸던 ㈜동네목수 주주모집 광고

동네목수 직원숙소로 임시 사용 중인 순환주택

동네목수의 활동(자료: 지역발전 다큐 인터뷰 중)

동네목수의 미래와 비전은
무엇입니까?

동네목수는 주민들이 스스로 운영하는 조직이기에, 동네목수의 기반인 주민협의회가 제대로 자리 잡도록 하는 것이 가장 중요한 비전입니다. 이 비전은 지속적으로 유지되고 확장되어야겠지요.

또 하나의 비전이 있습니다. 내년 말 정도가 되면 마을의 수리사업이 어느 정도 마무리가 될 예정입니다. 그때부터는 주민들이 자생할 수 있는 일자리를 만드는 사업이 있어야 할 것 같습니다. 두 가지를 고민하고 있습니다. 하나는 인근에 있는 다른 성곽마을의 주택개량 사업지로 이전하느냐 이고, 또 하나는 민간건축시장으로 뛰어드는 것입니다. 둘 다 쉽지 않은 일이겠지만, 동네목수의 설립목표인 주민이 주도하는 대안형 주거환경개선을 위해 최선을 다할 생각입니다.

참 특별하다.

파도같이 급하게 밀려오던 재개발을 이겨낸 것도 그렇지만, 그 재개발의 틈새에서 스스로 마을을 변화시키겠다는 작은 생각을 실천하고 있는 동네목수와 박학룡 대표가 정말 대단하다. 하향식 집행구조가 강력하게 작동하는 우리나라에서 이런 대안을 모색하고 이를 실험하고 도전하고 있는 동네목수의 존재는 주민지역민이 행복한 사회를 꿈꾸는 우리에게 있어 참으로 귀한 일이다. 똑같은 모습은 아니겠지만, 오리무중의 난제에 빠져 있는 전국의 수많은 불량주거지

역의 대안적 변화에 희망을 제공하고 있는 동네목수에 큰 박수를 보내고 싶다.

어느 인터뷰에서 "20여 년 거주한 주민들이 앞으로 20년 이상 정든 이웃과 함께 살 수 있는 대안적인 주거환경의 개선은 지금부터가 진짜 시작"이라는 박학룡 대표의 다짐이 반드시 실현되기를 간절히 바라본다.

장수마을의 사랑방인 골목평상

원주노인생활협동조합

- 강원 원주시

오 찬 옥

인제대학교 디자인대학 실내디자인학과

원주노인생활협동조합 사무실은 원주시 평원로의 시장 가운데 도로변 건물 2층에 위치하고 있었다. 5명이 근무하면서 관련 일을 처리하고 있다고 한다. 원주노인생활협동조합은 노인에게 일자리를 제공해 줌으로써 노인 스스로 자립적인 생활을 할 수 있도록 하고자 하고 있다.

정부로부터 지원을 받기보다는 자력으로 유지하기 위하여 노력하고 있다. 노인 일자리를 통해 들어온 수입금의 10%는 사무실 유지 등을 위한 비용으로 사용하고 있으며, 이익금의 2/3 이상은 일자리사업에 재투자하거나 사회에 환원하고 있다. 매년 1회 총회를 개최하고 있다.

원주노인생활협동조합이
생겨나게 된 배경이나 계기는
무엇입니까?

원주노인생활협동조합은 원주의 박
태진 초대 대표가 개인적인 일로 일본을 자주 다니면서 일본의 노인
일자리사업을 관심 있게 본 것이 계기가 되었다고 한다. 일본의 경
우 지자체 등이 주체가 되어 노인에게 일자리를 제공해 주고 있었는
데 박 대표는 이러한 노인 일자리문제는 우리나라에도 곧 닥칠 일이
며 미리 준비하는 것이 필요하다고 본 것이다. 박 대표는 노인에게
가장 필요한 것은 일자리 창출이며 이를 위해 협동조합을 만들어야
하겠다고 생각하였다고 한다.

생활협동조합을 설립하기 위해서는 조합원 300명의 확보와 출자
금 3천만 원이 필요하였으나 이를 확보하기는 쉽지 않았다. 그래서
박 대표는 조합원과 출자금 확보를 위하여 본인의 사업까지 접고 2
년간 이 일에 전념하였다고 한다. 그 결과, 2005년 9월 17일 9명의 창
립준비위원이 모임을 갖고 2006년 10월 원주노인소비자생활협동조
합 설립인가를 받게 된 것이다. 원주노인생활협동조합은 우리나라
에서 유일한 노인생활협동조합이다. 강원도 전체적으로는 노인이 차
지하는 비중이 16%이나 원주지역은 10%가 된다고 한다.

현재 조합원수는
몇 명 정도 됩니까?

　　　　　원주노인생활협동조합에는 현재 1
만 원에서 5백만 원까지의 출자금을 낸 1,500여 명의 조합원이 등
록되어 있다. 이들 중 반은 일자리를 찾기 위해 등록한 사람들이고
나머지 반은 본 협동조합의 취지에 동감하여 이들을 지원하기 위하
여 등록한 사람들이라고 한다. 이들의 평균연령은 70세 정도가 된
다고 한다.

5월 봉사(원주노인생협 제공)

조합원들이 하는 일자리는
주로 무엇입니까?

2014년 말 현재 1,500여 명의 조합원 중 126명의 노인만이 일자리를 갖고 일하고 있다. 노인들이 참여하고 있는 주된 일자리는 '깨끗한 학교만들기학교청소사업'과 클린콜뒷골목 청소사업이다. 깨끗한 학교만들기사업'은 초등학교와 중·고등학교 등 학교를 청소하는 일이다. 이 일은 70명의 여자노인이 57개의 학교와 계약을 맺고 참여하고 있다. 이 학교청소사업은 2007년에 시작하여 매년 재계약을 하며 이제까지 해오고 있다. 보통 하루에 7시간일부 6시간 하는 경우도 있음 일을 하며 보수는 최저임금 수준이라고 한다.

또 다른 일자리는 남자노인들이 담당하고 있는 클린콜뒷골목 청소사업이다. 이 일은 현재 남자노인 33명이 하고 있으며 하루 6시간 일을 하고 있다. 큰 거리와 골목은 시에서 지정한 용역업체가 맡아서 하고 있고 좁은 거리와 골목을 청소하는 것으로 방치되어 있는 쓰레기를 치우는 일 등을 한다. 이 외에 2014년에 진행한 사업을 보면, 무단투기 대형폐기물 수거사업2명, 기타 노인 일자리에 16명이 참여하였다. 이러한 공로로 2014년 12월에는 자원봉사 우수단체로 원주시장상을 수상하였다.

클린콜사업단 대형폐기물 수거(원주노인생활협동조합 제공)

협동조합을 운영하면서
가장 어려운 점은 무엇입니까?

협동조합에 대한 인식이 부족한 상황에서 300명의 조합원과 3,000만 원의 출자금을 확보하는 일은 쉬운 일은 아니었지만 창립자의 의지가 강하고 이를 실천으로 옮겨 가능하였다. 일반적으로 65세 이상 된 노인들은 고용을 하지 않는 상황에서 65세 이상의 노인들로 구성된 조합원들을 위한 일자리를 창출하는 것이 가장 어려운 일이다. 일자리를 원하는 조합원수보다 제공하는 일자리가 너무 부족했다. 이사장이 주로 일자리를 찾아다니는데, 시 차원에서의 일자리 제공은 기존의 시니어클럽 및 노인복지관에서 정부지원으로 하는 사업과 일부 중복되는 부분도 있을 뿐 아니라 대부분의 일자리들이 입찰로 하게 되어 있으며 본 생협에서 입찰로 할 경우 경쟁력이 떨어져 일자리를 구하기가 쉽지 않은 실정이다. 그래도 2007년 시작한 학교 청소일이 매년 재계약을 하게 되어 있으나 이제까지 계속 진행되어 오고 있다는 것은 나름 일을 제대로 하고 있다는 결과로 받아들일 수 있다.시니어 클럽은 직원 전체가 정부에서 주는 급료를 받고 일을 하는 곳이지만 협동조합은 자력으로 하는 것이 차이이다

시니어 인턴십(원주노인생협 제공)

원주노인생활협동조합이 성공적으로
운영되는 비법은 무엇이라고
볼 수 있습니까?

매달 1회 안전교육, 청소교육 등 일
자리와 관련된 교육을 실시하고 있으며 노인일자리청소, 에어컨필터 소독
모니터링도 하고 있다. 2014년에는 노인생협 자체 취업박람회를 개
최하였다. 또한 클린콜 참여자교육, 학교청소팀 직무교육, 클린콜 안
전 및 소양교육, 노인일자리에어컨필터 소독 등 참여자교육 등 필요한 교육
을 실시하고 있으며 임원 5명이 일본 연수를 다녀오기도 하였다. 이
와 같은 성공적인 운영으로 전국으로부터 공무원, 협동조합 조합원,
학생 등 많은 단체들이 방문을 하고 있다. 2014년에는 전국 35개 단
체로부터 871명이 방문하였다.

무엇보다 노인들끼리 모여서 노인들이 자력으로 생활하려 한다는
점은 아주 바람직한 일이다. 그러나 노인들이 할 수 있는 일거리를
찾는 일이 가장 어려운 일이며 이는 노인들에게만 맡겨놓을 것이 아
니라 지역사회 차원에서 어느 정도의 협조가 필요하다고 본다.

안전교육(원주노인생협 제공)

백화마을 같이그린백화협동조합

- 충북 영동군

진 재 문

경성대학교 사회복지학과

백화마을은 충북 영동군에 있는 귀촌마을로서, 소백산맥의 한 자락인 백화산맥 최남단의 백화산 자락에 위치해 있고 마을 앞에는 석천(石川)이 계곡 사이로 흐르고 있어 풍치가 매우 아름답다. 농촌지역에 쾌적하고 다양한 주거공간을 조성하여 도시민의 농촌유입을 유도하기 위한 농림수산식품부의 전원마을사업을 기초로 하여 서로 모르는 도시민들이 분양을 받아 입주하면서 조성된 정책마을이다.

백화마을은 친환경에 관심을 두고 기후변화, 생태보전을 주제로 경제적 자립 측면에서 2014년 8월부터 '같이그린백화협동조합'을 운영하고 있고, 마을의 공공성 회복 차원에서 마을공동문화조성사업의 프로그램들을 시행하고 있다.

'같이그린백화협동조합'은 환경단체와 노근리평화공원 등 지역사회와의 연계를 통해 환경, 평화, 역사 등의 학습과 체험 프로그램을 제공함으로써 수익을 올리고 지역사회 및 마을의 공공성을 제고시키려 노력하고 있다. 또한 다른 지역과는 달리 귀촌한 노인들이 소수로서 주류인 중장년층과 어울려 살아가는 보기 드문 사례이며, 노인들과 중장년층 모두 만족하며 공동체를 이루어 살고 있다.

백화마을

나누는 이웃과

따뜻한 집이 있는 코하우징"

우배지구전원마을
백화마을) 마을정비조합
례 건 축 사 사 무 소(주)
기업 민들레코하우징(주)
합건설(주)
독: 한국농어촌공사
: (주) 한석

부산에서 승용차를 타고 봄꽃을 구경하면서 경부고속도로의 추풍령을 넘으니 황간 IC가 보인다. 이로부터 5분을 달리니 백화마을 '같이그린백화협동조합'의 고성우 사무국장님과 만나기로 한 노근리평화공원이 널찍하게 자리 잡고 있다. 이곳이 복숭아가 유명하다고 하더니 복사꽃이 소나무 숲 사이에 분홍빛으로 곱게 단장하고 있다. 운전이 매우 즐겁다. 노근리평화공원은 한국전쟁 당시 미군에 의해 수백 명의 무고한 양민이 희생된 장소를 평화공원으로 단장한 비극의 현장이요, 엄숙한 추모의 장소이다. 위령탑에 묵념을 하고 생태숲을 돌아보노라니 고성우 사무국장님이 도착하였다. 이곳은 백화마을과 네트워크가 되어 있어 연대 차원의 상호교류와 협조가 이루어지고 있다. 백화마을 입장에서 보면 매우 중요한 지역자원으로 기능하고 있다.

사무국장님과 1차 인터뷰를 마치고 10분 정도 달리니 석천계곡의 수려한 풍경 깊숙이 백화마을이 자리잡고 있다. 갈색, 푸른색, 오렌지색으로 옷을 입은 40여 채의 가구가 행과 열을 맞추어 배열된 듯이 배치된 마을이다. 아무리 보아도 자연부락이 아니고 인위적으로 조성된 귀촌마을임을 한눈에 알 수 있다.

'백화마을'이 새겨진 크고 매끄러운 표석을 지나면 잘 지어진 현대식 2층짜리 마을회관이 위용을 드러낸다. 이 마을회관은 주민들의 공동체생활이 촘촘히 만들어지는 백화마을의 심장부이다. 주민들이 직접 지은 마을회관에 대한 사무국장님의 자부심과 자랑이 대단하다. 마을회관에는 각종 교육과 주민회의가 진행되는 강의실을 비롯하여, 방송실, 사무실, 당구실, 목공실, 미니도서관을 위한 독립공간이 마련되어 있다. 더하여 주민들이 모여 음식을 만들고 식사할 수 있는 식당이 있고, 차와 커피를 즐기며 담소할 수 있는 카페도 있다. 심지어는 외부 방문자를 위한 게스트 룸도 있다. 마을회관 외부에는 성인들이 족구를 할 수 있는 규모의 운동장이 있고 야외무대까지 설치되어 있다. 특히 마을회관 내부와 외부 곳곳에 '같이그린백화협동조합'의 '그린에너지 체험교육'을 위한 설비들이 마련되어 있다. 전기자동차, 태양열 조리기, 태양광 오븐, 태양열 온수기 등이 눈길을 사로잡는다.

사무국장님의 안내로 이근원[71세] 어르신의 집을 방문하였다. 손수 내어주신 시원한 매실차를 마시며 다양한 이야기를 들었다. 어르신의 인터뷰는 고향의 맛 그대로를 느낄 수 있는 '올갱이 국밥'[1]을 먹으면서도 계속되었다.

---

1 황간역 근처의 안성식당은 '올뱅이 국밥'으로 표기하고 있다. 그리고 간이 기차역인 황간역은 역장님의 남다른 열정으로 시를 적어 넣은 항아리를 이용한 미니공원, 독서와 휴식이 가능한 대합실 등 문화와 볼거리가 있어 특별함이 묻어난다.

어르신께서 백화마을을
선택하신 이유는 무엇인지요?

어르신   50대 후반 무렵에 건강이
안 좋아지고 해서 도시생활을 접고 귀촌하자는 생각에 이 근처, 강
주변에 터를 마련했었어요. 그러던 차에 신문에 이 마을 조성광고가
나서 사업설명회에 와보니 나무와 숲만 있었지만 마음에 들어 결정
했어요. 특히 집 재료가 흙과 스트로베일strawbale로 되어 있어 더 좋
았어요. 스트로베일 하우스에 살고 싶어서 직접 지어보려고 공부를
하고 있었어요. 박물관이나 문화재는 후손들을 위해 오래 유지되면
좋은데, 일반인들은 집에서 자기 생애에만 살다가 죽으면 집도 같이
없어졌으면 해요. 그래서 집의 재료도 그냥 자연으로 돌아가서 아무
런 해가 없었으면 좋겠다는 생각을 해요. 그리고 너무 빨리 근대화,
현대화시키고자 하는 노력 때문에 과거 우리의 문화, 풍습이 모두
파괴되었는데, 마침 이 마을이 파괴된 공동체를 복원하고자 하는 지
향志向이 있어 좋았어요. 2012년 당시 나이가 68세로 가장 많았지만
나이 많은 사람이 섞여 있어야 좋다는 의견들도 좋았어요. 그리고
아내가 더 적극적으로 선호하고 좋아하니까 가능했죠. 귀촌에 실패
하는 걸 보면 부인이 적응하지 못하거나 반대하는 경우가 많아요.

**백화마을은 다른 시골마을과 달리
노인가구가 10가구가 안 될 정도로 적은데,
이에 대한 어르신의 생각은 어떤지요?**

어르신 처음에 나같이 나이 많은
사람이 절반을 넘었으면 안 왔을 겁니다. 젊은 사람들이 거부할까
봐 이야기를 여러 번 했어요. 그런데 백화마을 젊은 사람들 모두 착
해요. 60대 이상이 약 20% 정도인데, 노인들끼리 무슨 재미가 있겠
어요? 삶의 활력도 없을 뿐더러 사는 모습이 퇴행적이기만 해요. 섞
여 살면, 사는 방법도 다르고 내가 사는 모습과 비교도 되면서 내
생각이 젊어져요. 같이 술 먹고 농담하며 노래방도 같이 다니고 그
래요. 이런 코하우징co-housing 마을이 급격한 근대화로 인한 병폐에
대하여 좋은 대안 모델이 될 것 같아요. 정부도 이러한 모델에 대한
연구를 많이 해서 더 부유하지 않아도 좋으니 더 행복하게 살았으
면 좋겠어요.

71세의 이근원 어르신.
〈21세기 자본론〉을 읽으실 정도로
학구열이 대단하시다.

백화마을 같은 코하우징 마을에는
어느 연령대가 내려오는 게 가장 좋을까요?

어르신 10집 정도가 주말에만 와요. 50대 중반의 가구들인데, 이때가 대학생 자녀들을 두고 있고 사업도 전성기에 있을 시기에요. 그러니 50대 중반에 오는 것이 가장 좋을 것 같은데, 실제로 생활 근거지를 이런 마을에 옮기는 게 어려워요. 우리 같이 자식들 출가시키고 홀가분하게 오면 되는데, 그러면 늦을 것 같아요. 문제는 기본소득이 되어야 해요. 100만 원에서 150만 원 정도면 될 것 같아요. 또 하나는 사회적 문제, 특히 대학입시 같은 교육문제 같은 것이 있는데, 현실적으로 이러한 것들을 몇 사람이 해결할 수 없고 개인의 이기심까지 접으라고 할 수 없잖아요.

마을의 의견수렴이나 결정은
어떻게 하나요?

사무국장 마을부녀회가 있고, 마을회의도 있어요. 그리고 60세 이상의 모임이 있는데 자문단이라고 해요. 특이한 점은 마을회의 회칙에 자문단에게 거부권을 부여했어요. 마을회의에서 결의한 것이 부당하다고 할 때는 재논의를 지시할 수 있고, 재논의는 과반수가 아닌 2/3의 찬성이 있어야 결의가 되죠. 기존 농촌에서는 결정을 하는 어른이 있었잖아요. 그런 것을 반영하고자 한 것이죠.

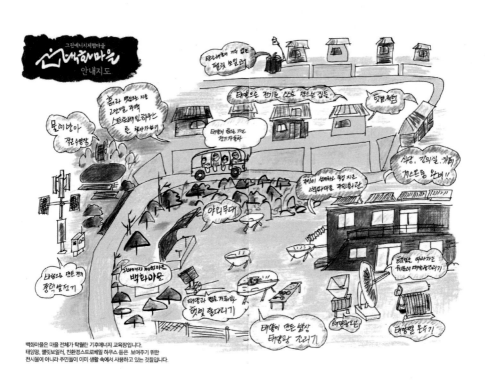

백화마을은 마을 전체가 탁월한 기후에너지 교육장입니다.
태양광, 펠릿보일러, 친환경스트로베일 하우스 등은 보여주기 위한
전시물이 아니라 주민들이 이미 생활 속에서 사용하고 있는 것들입니다.

백화마을의 노인공동체로서의
특징은 무엇인지요?

사무국장 요즈음 이웃들에게 하는
말이 "우리는 마을에서 죽자"로서 존엄한 죽음을 맞이하자는 것입
니다. 종교, 이념, 가치를 지향해서 결의를 통해 구성된 공동체가 아
니고 사람들이 분양하듯이 소시민적으로 찾아와서 만든 마을임에
도 불구하고 다른 마을보다 잘 되고 있다고 생각해요. 마을은 경제
적 단위, 문화적 단위이기도 하지만 상호돌봄이 이루어지는 복지의
단위이기도 하죠. 이것이 귀농해서 마을을 회복해야 하는 이유의
하나죠. 경제적인 문제를 해결해야 하니까 협동조합을 하고 있고, 문
화적인 것을 창출하기 위해 마을공동문화조성사업을 합니다. 마을
동아리, 마을합창단, 마을놀이대보름놀이, 새해놀이를 만들어내고, 요즈
음 매주 화요일 합창연습을 합니다. 황간에서 열리는 합창대회에 나
간다고 40~50대들이 모여 연습을 하는데 재미있습니다. 저희 마을
은 공동체라기보다는 옛 마을이 가지고 있던 가치나 공공성을 회복
한다는 것을 중요하게 생각하고 있죠. 예를 들면 현재 40~50세들의
미래 노령기의 안정성을 위해 하는 것이라고 할 수 있죠.

백화마을의 어르신들은
주로 어떤 분들인가요?

사무국장　가장 많은 분이 현재 71세이고 60세 이상은 대개 은퇴하신 분들로 사회적 경쟁력이 괜찮았던 분들이에요. 은행의 지점장, 교사, 큰 노조의 위원장 등 우리 사회의 중상 수준 정도 되는 분들이에요. 골프를 한다거나 술을 팍팍 산다거나 그러지는 않고 연금과 저축을 가지고 이곳에서 소박한 삶을 사실 수 있는 분들이죠. 더 부유한 분들은 용인 같은 수도권으로 가지 여기에는 안 오시겠죠. 영동노인회의 행정인력으로 월 130만 원 정도로 활력을 가지는 경우도 있죠. 현실적인 수준에서 보면, 마을에서 협동조합이나 기타 경제활동을 통해 월 30~40만 원 정도의 일자리를 창출하는 것이 목표입니다. 이를 통해 삶의 활력을 유지하고 약간의 용돈을 충당하는 수준입니다.

어르신들은 적응을 잘 하시나요?

사무국장　여기서 잘 어울리지 못하는 분들은 회사에서 잘 나갔던 분들입니다. 50대 이상의 적응에서 가장 큰 문제가 소통능력이죠. 평생을 지휘와 복종에 익숙한 사람이 마을에서의 협력하는 일자리에 적응을 못하는 거죠. 어른들을 포함하여 전 주민들의 경우 20~30% 정도는 상당히 만족하고,

50% 정도는 대체로 만족하는 편이고, 나머지 20~30% 분들은 소극적 방관자의 모습이라고 봅니다. 마을을 떠나는 분들이 있는데 이들은 마을의 문화나 삶의 방식보다는 주로 일자리와 같은 경제적 이유인데, 안타깝게도 이러한 문제는 현재까지는 해결해주지 못하고 있죠.

주민들은 소통과 참여를 위한 노력을 어떻게 하시나요?

주민회의, 소모임, 동아리 모임 등이 있죠. 그런데 저희 마을은 강제로 다 모여 하는 방식은 아니고 모두 모이지 않는 것에 대하여 어색해 하지도 않습니다. 예를 들면, 마을 청소에 오지 않은 사람에 대하여 '원망하지 말기'를 강조합니다. 원망하려면 당신도 오지 말라고 하죠. 오지 않은 사람에 대한 벌금 부과 방식도 제안이 있었지만, 벌금으로 해결하는 순간 이후 모든 사안을 돈으로 해결하려고 할 거고, 사람들은 미안해하지도 않을 거라는 생각에 여전히 자발성에 기초를 두고 있습니다. 다수결도 적용하지 않습니다. 소수자에게 상처를 주기 때문이죠. 급하게 생각하지 않고 있고, 이 모든 것을 지금도 훈련하고 있죠.

2014년 설립한 '같이그린백화협동조합'이
있는데 어떻게 운영하고 있고 사정은 어떤지요?

2013년 '그린에너지체험마을' 공모 사업이 있었는데, 공모해서 1억 6천만 원을 받았어요. 이를 가지고 다양한 기후변화 체험을 할 수 있는 하드웨어를 갖추었죠. 이 하드웨어를 활용할 수 있는 소프트웨어가 필요하여 기후변화와 환경변화 체험교육에 목적을 두고 만든 것이 '같이그린백화협동조합'입니다. 물론 처음에 다양한 이견과 논란이 존재했죠. 국내 최대의 셰플러 Scheffler 발전을 하자는 의견, 빨리 성과를 내고자 하는 경향, 참여자의 급여를 연령, 성, 지위에 따라 차등화하려는 경향 등 현실적인 협동조합의 성격에 비추어 조정하고 설득해야 할 것들이 많았죠. 지난 1년간은 환경 등 다양한 주제와 형태의 주민교육을 많이 실시했죠. 이 과정에서 환경 샴푸를 만드는 등 여성들의 적응이 빨랐습니다.

협동조합을 운영하면서 지역사회의
연대는 어떻게 하고 있나요?

사무국장 대전의 환경운동연합, 녹색연대와 환경과 관련하여 네트워킹 노력을 하고 있고, 노근리평화공원과 연대하여 프로그램을 같이 하고 있죠. 평화공원 교육관 시설이 좋습니다. 2014년 3박 4일 생태캠프를 여는데 백화마을에서 일부 수업과 체험 프로그램을 실시했고, 2015년 역사캠프를 하는데 역시 백화마을과 연대해서 진행할 겁니다. 또한 황간역과 문화콘텐츠를 공유하는 네트워킹도 하고 있는 등 다양한 방법으로 지역사회와 연대하여 협동조합 프로그램을 운영하고 있습니다.

혹시 협동조합 운영이나 마을공동체 차원에서 우려되는 점은 없나요?

영업은 조금씩 되고 있고 성과도 나오기 시작했어요. 현재의 상태로는 자신도 있고 잘 될 것 같아요. 다만, 우려되는 점은 사람이 지치는 것입니다. 다른 체험 마을들을 가보면 마을사람들이 일에 치여 지친 모습인데, 그렇게 되면 그냥 펜션 주인이 되는 겁니다. 청소와 일의 스트레스로 여유가 없어지고, 본래의 취지인 이웃과의 관계형성과 공공성을 살리기 힘들다는 점이죠. 황간이나 영동의 협동조합들이 대부분 실패를 하고 있고 실패를 할 거라고 여겨져요. 그들의 이야기를 들어보면 똑같은 도시적 방식이고 매출이나 성과를 어떻게 늘릴까만을 고민하죠. 이것은 형식상의 협동조합이며, 차라리 안하는 것이 낫죠. 그런데 우리가 협동하는 방법을 잘 몰라요. 따라서 1년 정도는 협동하는 방법을 배우고 만들어가는 것을 우선하고, 매출의 기대수준도 조금 낮추고 여유롭게 접근하는 것이 중요할 것 같아요. 또 협동조합에 대한 지원이 부족하다고 불만을 말하는 사람이 많은데 개인적으로 지원이 필요 없다고 봅니다.

경험과 열정을 겸비한 백화마을협동조합의 고성우 사무국장

백화마을협동조합의 과제가 있다면
무엇인가요?

사무국장 40~50대 분들에게는 월 평균 100~150만 원 정도의 일자리를 제공하고, 노인분들에게는 월 평균 30만 원 정도의 일자리를 만들어드려 삶의 활력을 드리면 좋 겠다고 생각하고 있죠.

확실히 백화마을은 마을을 구성하는 인적구성 측면에서 여타 다 른 은퇴마을이나 귀촌마을과 다르다. 특히 백화마을의 인적구성을 보면, 40~50대 장년층이 중심이 되고 있다는 점에서 노인들의 은퇴 이후 생활에 대한 새로운 유형을 제시하고 있다.

백화마을에서 60세 이상 노인들은 중심집단이 아니다. 수적으로 소수이다. 하지만 백화마을의 노인들은 우리나라 도시지역에서 흔 히 볼 수 있는 것처럼 고립되거나 소외된 소수가 아니다. 그렇다고 젊은이가 없어 60대 노인이 청년으로 인식되는 대부분의 농어촌 마 을과도 다르고, 주도집단도 아니다. 백화마을 노인들은 모두는 아 니더라도 대부분 마을의 대소사에 적극적으로 참여하고 있고, 마 을의 주도집단인 장년층과 적극적으로 교류하면서 마을발전과 공 동체성 유지에 기여하고 있다. 사안에 따라서는 최종적인 결정권을 부여받기도 하고, 마을의 갈등을 조절하는 최종 조정자 역할을 하 기도 한다.

백화마을은 아이들의 웃음소리와 뛰어 노는 모습이 노인들의 여

유와 어우러지고, 젊은이들이 마을의 생산성과 발전을 도모하는 가운데 어느 세대도 배제되거나 소외되지 않도록 노력하고 있다. 그러한 노력이 어느 정도 성과를 내고 있으며, 마을주민들은 지금까지의 성과에 대한 자부심은 물론 미래에 대한 상당한 자신감을 보이고 있다.

우리 사회는 고령화가 급속하게 진행되면서 노인들이 살기 좋은 공동체를 적극적으로 고민하기 시작했다. 그렇다면 노인들이 살기 좋은 마을의 가장 이상적인 형태는 무엇일까?

인구구성의 측면에서 볼 때 노인들이 중심이 되는 마을보다는 모든 연령대가 함께 이루어지는 마을일 것이며, 마을의 중심적 생산 기능이 노인이 아닌 젊은 세대에 있으면서 노인들이 상대적으로 여가와 여유를 즐길 수 있는 공동체일 것이며, 그러면서도 충분히 존중받고 영향력을 잃지 않아 노인들의 자존감이 유지되는 마을일 것이다. 이러한 면에서 백화마을 노인들은 대부분의 농촌마을 혹은 대도시의 빈곤층 집중마을의 노인에 비하여 상당히 행복한 조건에 있다는 생각이 든다.

백화마을의 또 다른 특징은 자연마을이 아니라 인위적으로 조성된 귀촌마을이란 점이다. 이미 공동체적 전통이 내재되어 있는 마을이 아니라 전혀 모르는 사람들이 토지와 건물을 구입하여 입주함으로써 새로운 관계를 형성해야 하고 마을이라는 집단성, 공공성을 형성하여 공동체를 만들어야 하는 과제를 공유하고 있다는 점에서 실험적이다.

익숙한 도시생활에서 벗어나 시골에 새로운 터전을 조성하고 정착하는 과정에서 기존의 공동체적 전통이 없이 모든 것을 새롭게 창출해야 한다는 것은 상당한 도전이 될 것이다. 마을의 문화, 사회적 관계, 경제적 기반 등 모든 것을 새롭게 창출한다는 것은 구성원 모두에게 많은 용기와 땀과 희생을 요구한다. 반면, 백지상태에서 기존의 어떤 관성이나 조건에 구애 받지 않고 구성원 모두의 의견을 모아 자신들에게 최적화된 마을을 만들 수 있다는 점에서는 오히려 기회가 될 수 있고 생각보다 장애물이 적을 가능성도 있다.

백화마을은 아직 어떻게 진화할지 미지수다. 방문객의 입장에서 볼 때 구성원들이 상당히 적극적이고 나름의 문화와 지역사회 네트워크를 만드는 등 많은 것을 이루고 있다고 판단된다. 그럼에도 불구하고 성공적인 귀촌마을이 될 것인지, 특히 그것이 노인세대에게 노후의 안녕을 보장하는 새로운 모델이 될 수 있을 것인지에 대하여 아직은 단정하기 힘들다. 관심을 가지고 지속적으로 지켜볼 일이다. 애정을 가진 관찰자 입장에서 백화마을 주민들의 투지에 응원을 보내며 노력에 상응하는 열매가 있기를 간절히 기도한다.

홍동마을 은퇴농장사람들

- 충남 홍성군

진 재 문
경성대학교 사회복지학과

충남 홍성군 홍동면에 위치한 은퇴농장사람들은 노인들의 공동체로서 은퇴한 노인들이 농촌 생활을 즐기면서 이웃들과 공동생활을 누리고, 사회적 기업 및 생산자협동조합과 연계하여 자발적 근로를 통해 필요한 소득을 얻고 있다. 올해 64세된 김영철 농장주가 1995년 시작한 이래 1998년 외환위기로 부도를 맞았으나 재기하여 꾸준히 발전시키고 있다.

주택 24동, 공동식당 1동, 시설하우스 14동, 밭 5,000평이 있고 농산물가공시설을 갖추고 있다. 2015년 4월 현재 60대에서 93세까지 14세대의 노인가구가 입주해 있다. 정부나 지자체의 지원에 의존하는 규모화를 거부하고, 평수에 따라 책정된 보증금과 생활비를 내고 입주한 노인들이 사회적 기업 및 협동조합과의 연계하에 희망에 따라 비닐하우스를 배당받아 수확 및 포장작업을 하여 원하는 만큼 일을 하고 일한 만큼 소득을 올리는 모델로 운영하고 있다. 농작물은 100% 유기농이며 공동식당에서 제공되는 식재료와 음식도 유기농이다.

개인 소유의 농장이지만 인근의 사회적 경제와 환경단체, 대안학교 등과 네트워크가 되어 있고 외부인에 대한 체험프로그램도 운영하고 있다. 노인들이 사유농장에 입주하여 공동체성이 강한 사회적 기업 및 협동조합에 간접적으로 연계를 맺고 있는 독특한 공동체 모델이라고 할 수 있다.

4월의 햇살이 내려앉는 농촌의 풍경은 은퇴농장사람들을 찾아가는 방문객의 마음을 한결 여유롭게 만들었다. 차에서 내려 완만한 야산을 걷노라니 멀리 오서산을 마주보며 넓은 구릉지형에 은퇴농장이 나타났다. 은퇴농장사람들은 전형적인 우리나라 농촌의 자연마을이다.

조금 일찍 당도하여 여기저기를 둘러보니 넓은 밭과 시설하우스들이 곳곳에 자리를 잡고 있고, 입주자들을 위한 주택도 가지런히 옹기종기 정겹게 자리 잡고 있다. 휴일이어서 일이 없는지 몇몇 주민이 식당동 옆에 위치한 건물에서 지붕을 고치는 작업을 하고 있다. 멀리 울타리 안에서 한가로이 쉬고 있는 소들도 보인다. 특이한 것은 유기농마을이라 그런지 커다란 두엄이 왕릉처럼 위엄을 뽐내고 있다. 냄새가 다른 마을보다 유난히 강해서 도시 생활에 익숙한 후각을 농촌 내음으로 완벽하게 마비시킨다. 버섯재배를 하는 소나무숲 입구에 농어촌체험관광 안내판이 빨간 봄꽃을 배경으로 예쁜 모습으로 서 있다. 자세히 보니 안전을 위한 행동지침이 귀여운 그림을 사용하여 시계처럼 배치되어 있다. "조심 조심, 안전을 위해!" 이렇게 평화로운 농촌에도 안전을 위해 지켜야 할 것들이 제법 많다는 걸 새삼 깨닫게 된다.

은퇴농장 인근에는 협동조합, 유기농 관련 박물관과 연구소, 생태와 환경에 대한 체험 및 교육관, 농협, 대안학교 등, 은퇴농장사람들이 유기농작물을 생산하고 가공하고 판매하는 데 연대하고 지원받을 수 있는 지역사회 네트워크 자원들이 잘 조성되어 있다. 은퇴

커다란 무덤 같은 두엄이 봄바람에 강력한 냄새를 풍기며 유기농 마을임을 알려준다.

조심! 농촌체험 안전을 위한 안내판이 예쁘다.

농장사람들이 김영철 농장주의 사유지를 기초로 하고 있지만 사회적 연대와 친환경, 믿을 수 있는 유기농 식재료 생산, 은퇴노인들의 공동체적 생활 같은, 마을의 공공성을 만들고 유지할 수 있는 여건이 잘 갖추어져 있는 것이다.

**선생님께서 이러한 은퇴농장을
운영하게 된 배경이 있으신지요?**

제가 주관을 가지고 시작한 지 20년이 넘었는데, 다른 지역 어디에 강의를 가면 꼭 하는 말이 있어요. 이곳 은퇴농장사람들이 우리 유교문화에서 꼭 필요하고 우리 현실에 적합한 노인복지시설이라고. 그 이유의 첫째는 우리 음식문화라는 게 서구와 달라가지고 여럿이 먹어야 맛있다는 겁니다. 그래야 반찬도 새로운 것을 자주 준비할 수 있고.

둘째는 지금 70대와 80대 그리고 60대까지도 일중독에 걸린 사람들입니다. 지금도 무엇인가를 해서 소득을 올려야 해요. 한 달에 5만 원, 10만 원이라도 좋으니 일을 해야 합니다. 소득을 바라고 하는 게 아닌데, 내가 아침에 일어나서 내가 해야 할 일이 있다고 하면 그만큼 건강해지는 것 같아요. 그러다 보니깐 입주 어른들, 심지어 현재 90이 넘으신 어르신도 얼마나 건강하신지 소주 한 병을 같이 먹어요.

셋째는 일손이 부족한 농가가 시골마다 잔뜩 있다는 겁니다. 우리 농장도 일손이 항상 부족한 거예요. 그런데 은퇴 노인들이 와서 소일거리를 해준다고 하면 나는 좋은 겁니다. 동네 한 분이 하실 거를 노인들 네 분이나 다섯 분이 합니다. 당연히 작업능률이 떨어져요. 그런데 네 분, 다섯 분이 일을 해주시면 충분히 할 수 있는 일이고, 대신 하신 만큼 임금을 지불해주겠다는 겁니다. 그래서 일손이 바쁜 농가, 아니면 축산업자가 이러한 형태의 은퇴농장을 했으면 좋겠다는 겁니다.

이곳 은퇴농장에는 정부의 지원이 없는 것으로 알고 있습니다. 은퇴농장의 기본적인 운영원리는 무엇인가요?

처음에 은퇴마을을 조성하려는 정부의 아이디어는 기본적으로 문제가 있어요. 우선, 비용문제인데, 입주 보증금이 5천만 원을 넘어서는 안 되고, 부부가 사는데 생활비가 120~130만 원을 넘어서면 안 됩니다. 그런데 사업을 구상하는 정부의 생각대로 한다면 1억 2천에서 1억 5천의 보증금에 월 120만~130만 원을 받는다는 것인데, 나는 도저히 가망이 없다고 봤어요.

다른 문제는 '은퇴마을조성사업'이라는 것이 있었어요. 전원주택 사업의 일부분으로 있었는데, 10억 보조를 해준다는 것이었죠. 그런데 어떤 한 사람이 시골에 땅이 5천 평이 있다고 치면 10억 보조를 받아가지고 기반사업을 다 하고 그 땅을 도시민들에게 파는 거예요. 사실상 땅 장사 시켜주는 것 아니냐. 10억이라는 국가 돈을 갖고 기반조성 다 해놓고 평당 30만 원, 50만 원 받아서 팔라는 것 아니냐는 생각을 했고 이건 아니다 싶었어요. 내 생각은 농촌에서 농가가 이런 사업을 한다고 하면, 5년 계획해서 세 가구 정도로 시작하고 재미있게 하다가 보면 다섯 가구가 모이기 쉽고, 열 가구가 모이기 쉽다는 것이죠. 그리고 20가구 정도 되면 가정 요양보호시설을 해주고, 같이 사시다가 건강이 악화되면 요양시설에서 케어 받고 생을 마감하면 되는 겁니다.

이러한 형태의 은퇴농장을 시작할 농장주가 많이 있을까요?

나이 잡수신 분들이 시골에 내려오게 되면 농민소득이 됩니다. 농민소득이 된다고 보면, 서울에서 하숙 치는 것보다 시골에서 하숙 치는 게 낫죠. 밖에 나가면 다 찬거리인데. 2~3억 투자해서 땅은 갖고 있고 5천만 원, 8천만 원 연봉이 된다면 당연히 내려올 겁니다. 난 자신 있습니다. 그래서 우리 농장의 경우 포트폴리오에 농산물 파는 걸 7~8천, 농산물 가공 4~5천 정도, 입주 생활비 1억 4~5천 정도 됩니다.

이렇게 포트폴리오를 구성하면 큰 악순환 없이 연봉 5천에서 8천만원의 월급쟁이가 되더라는 거죠. 그래서 은퇴농장을 한다고 해서 농사를 짓거나, 농장을 한다거나 원예를 한다고 하면 제가 극구 찬

은퇴마을 안내도. 인근에 협동조합, 생태연구소, 유기농업박물관 등 연대와 네트워크가 가능한
생태환경과 유기농 관련 조직 및 공동체가 자리 잡고 있다.

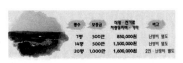

은퇴농장사람들의 입주조건

홈페이지에 소개된 은퇴농장의 밭,
가공시설, 입주시설

성해요. 그 대신 개인 돈으로 해라. 정부에서 받으면, 정부 안을 그대로 쫓아가다 보면 3년 안에 부도나기 좋다. 무리 하니깐. 그런 얘기를 많이 해줬어요.

**60세 되신 분들이 내려와서
소를 키우는 등 농장을 운영하는 것이
쉽지 않을 것 같은데요.**

　　　　　　　　　내가 하는 말이 1년만 트레이닝 하라는 겁니다. 과수원을 하고 싶다면 과수원에 가서 한 달에 50만 원 내고 1년만 있어봐라, 처음부터 수확·판매까지. 그래서 자신 있으면 그 주인한테 그 옆에 땅 사달라고 해서 거기서 해라. 그러면 사부가 옆에 있으니 할 수 있을 거라고 이야기합니다. 그거 생각 안 하고 무작정 와서는 성공하기 힘들죠.

**그럼 여기 입주하신 어르신들은
서로 모르는 분들이 오신 건가요?**

　　신문에 보도되었던 걸 스크랩해서 오시고, TV에 20분짜리 70~80번 나갔어요. 그거 보고 메모해 놓았다가 오시고, 아직도 그렇게 해요. 저는 생활비 받는 걸 전부 공개해요. 85만 원 받는데, 방값 20만 원, 차량유지비 기타 공과금해서 10만 원, 30만 원 빠집니다. 55

만 원인데, 식대는 이렇게 합니다. 한 끼에 식비 3천5백 원에서 4천 원짜리 식단입니다.

어르신들이 협동조합을 결성하고 있나요?

아니요. 우리 할아버지들끼리 싸움이 벌어질까봐 안 했고, 저희는 저 개인이 아이쿱(iCOOP) 생협에 계약을 해서 운영합니다. 매일 한 5분 정도만 가면은 생산자조합이 따로 있어요. 거기서 생산품을 만들어나가죠. 전국으로 다. 제주까지. 전국에 아이쿱이 양대 산맥이죠. 매장이 3백 개, 4백 개가 되요. 매장이 많아요.

은퇴농장의 필요성에 대한 문제의식이
확실한 김영철 농장주(64세)의
진지한 설명 모습

장기적으로 협동조합은 계획하지
않으시는지요?

　　　　　　　　문제가 되는 것이 뭐냐 하면, 입주
자분들이 작업을 하시는데, 한 시간에 30개를 하시는 분들이 계시
는 반면, 10개 정도만 하시는 분들이 있어요. 사회적 기업은 일괄로
똑같이 급여를 주게 되어 있어요. 그러니깐 싸움이 되는 거죠. 전에
공동작업을 했는데 그것도 안 돼요. 몸 불편한 분들은 못 나올 수도
있는 거 아닌가요. 근데 그게 싫은 거예요. 그래서 노인들하고는 ….
이건 안되겠다고 생각했죠. 나이 들면 이해관계를 더 따져요.

유기농 온실 단지

**농장주의 입장에서 적절한 규모는
어느 정도인가요?**

20세대가 딱 좋아요. 더 넘으면 사람을 둬야죠.

**입주하신 어르신들이
가장 만족하는 것은 무엇인가요?**

마음대로 할 수 있다는 거, 지금 고사리 꺾는 어르신들이 있는 반면, TV에서 야구 보는 분들 계실 테고, 그분들이 오전에 작업이 끝났어요, 아침에 두세 시간 하고 싶은 분들만 하시고. 적어놔요, 오늘 몇 개에서 몇 개했는지. 그리고 판매로 하나에 백 원을 드려요, 열 개하면 천 원, 백 개는 만 원이고, 한 달에 그렇게 하면 30만 원이 된다는 이야기이고, 이분들이 아침에 와서 일정부분 내가 노동을 하는 거예요. 그리고 낚시 가시고 매주 금요일은 온천 가시고.

**저같이 사회복지를 연구하는 사람들에게
부탁하고 싶은 것이 있나요?**

그걸 고민해보세요. 저는 지금도 가능하다고 보는 게, 기초생활수급자들이 시골에 오시면 40~50만 원

보조 받는 게 있고, 조금만 움직이시면 참 재미있게 하루 세 끼 식사 하시면서 생활할 수 있어요. 우리 같은 시스템에 정부의 보조부지가 조금만 주어지면 40~50만 원 가지고 돌아간다고 봅니다.

홍동의 은퇴농장은 전형적인 사회적 경제 유형으로 보기 어렵다. 은퇴농장에 입주한 노인들이 사회적 기업이나 협동조합을 직접 만든 것도 아니고, 조직구성원으로 정식 가입한 것도 아니다. 이들에게 입주기회를 주고 소득획득이 가능한 일자리를 제공하는 주체 역시 사회적 경제가 아니다. 엄밀하게 보면 촌장님이 개인 농장과 농사일을 이용하여 운영하는 사적 비즈니스이다.

그럼에도 불구하고 사회적 기업이나 협동조합과 연계하여 의미를 부여할 수 있는 것은 촌장님이 인근의 협동조합과 연계되어 활동하기 때문이다. 은퇴농장 인근의 협동조합 조합원으로 활동을 하는 촌장님의 땅에서 노인들이 일을 하고 임금을 받고, 이를 통해 생산된 농산물이 협동조합을 통해 유통·판매된다. 즉, 은퇴농장의 노인들은 촌장님을 매개로 하여 사회적 경제와 간접적으로 연계되고 있다. 노인들의 노동이 유기농의 활성화, 소비자의 건강한 먹거리 확보, 노인들의 일자리 창출 같은 사회적 가치와 연결되는가의 여부는 촌장님 및 협동조합의 사회적 지향과 활동내용에 의해 결정된다.

물론 은퇴농장의 입주 노인들이 사회적 가치를 지향할 수도 있고 그렇지 않을 수도 있다. 입주 시에 촌장님의 사회적 가치에 동의하여 입주할 수 있다. 반대로 촌장님의 의지나 협동조합의 지향을 모르거나, 알아도 동의하지 않은 상태에서 은퇴농장에 입주할 수도 있다. 하지만 어느 경우든 촌장님의 가치지향과 사회적 경제인 협동조합의 가치가 현실적으로 작동하는 것이라면 은퇴농장에 입주한 노인들의 경우 간접적으로 사회적 경제 내에서 노후의 생활안정을 도모한다고 볼 수 있다.

이러한 접근은 협동조합과 사적 영역의 노인들을 매개하고 있는 촌장님의 사적 농장이 노인들의 노후 노동과 소득활동을 집단적으로 해결하고 있다는 점에서 주목할 만하다. 사실 현재 우리나라의 노인세대가 협동조합이나 사회적 기업 같은 사회적 경제를 충분히 이해한 상태에서 참여한다고 보기 힘들며 그러한 사례를 찾기 힘들다. 특정 지역에 따라 성공사례를 찾을 수 있겠지만, 보편적으로 많은 노인들이 직접적으로 사회적 경제와 결합하는 형태를 기대하는 것은 무리라고 생각한다. 그렇다면 홍동의 은퇴농장사람들처럼 일반인들을 촌장님 같은 활동가를 매개로 간접적으로 사회적 경제와 연계시키는 방법도 하나의 대안이 될 수 있다.

한편, 촌장님은 도시의 노인이 은퇴한 이후 시골에 내려와 자신과 같이 땅을 매입하고 농장을 조성하여 은퇴농장을 운영할 경우 충분한 수익이 보장된다고 강조한다. 공공의 지원을 받는 형태보다는 촌장님처럼 지역의 사회적 경제 네트워크를 기반으로 자리 잡을 경우 은퇴 이후에도 비즈니스적으로 성공 가능성이 있다는 것이다. 이러한 접근방식이 모든 은퇴노인에게 적용되는 것은 아닐 것이다. 기본적으로 일정 수준 이상의 경제력이 있어야 하고, 시골에 내려와 농사일을 배우는 것은 물론, 농장운영의 노하우를 체득하고 활용할

비닐하우스 안의 항아리들. 안에 유기농으로 만든 된장, 찹쌀고추장이 익어간다.

수 있는 기업가 정신의 덕목을 가진 노인들에게 권할 만한 방법이다. 도시생활을 접고 농촌에 새로이 적응하면서 사업을 성공시키는 것은 결코 쉽지 않은 일이다. 그럼에도 불구하고 민간영역에서 은퇴한 노인[1]의 경제력, 열정, 능력이 지역사회의 사회적 경제와 연계를 맺으면서 다른 노인들에게 여유로운 농촌생활과 함께 일정한 소득 기회를 제공할 수 있다는 점은 충분히 매력적이다.

홍동마을 은퇴농장사람들을 방문하면서 느낀 것은, 농촌지역의 경우 사회적 경제조직을 만드는 직접적인 노인 공동체가 은퇴한 도시 노인들의 노후생활을 보장하는 답이 될 수 있을까라는 점이다. 지역사회에 뿌리를 내린 사회적 경제의 존재와 열정을 가진 농장경영자 같은 기업가적 인물이 존재할 경우, 사회적 경제를 모르는 일반 노인들에게 은퇴 후 집단적 공동체를 이루면서 노후의 행복한 삶을 만들 수 있는 기회를 제공할 수 있다는 점이다. 사회적 경제와 간접적으로 연계되어 지역사회 네트워크 속에 편입되는 방법이 일반 노인들에게는 부담 없이 참여할 수 있는 방법이 될 수 있다. 이러한 점에서 은퇴농장사람들의 삶과 공동체의 진화과정을 지속적으로 관찰하고 평가할 필요가 있다.

---

1   55세 정도에 퇴직한 장년층이 시도할 경우 잠재노인이 될 수도 있다.

전주 천년누리봄

– 전북 전주시

문 경 주
경성대학교 한국사회과학연구(SKK) 연구팀

전라북도 전주시의 천년누리봄은 노인중심의 일자리 창업의 성공적인 모델로 평가받고 있는 사례이다. 천년누리봄은 행정동상으로는 전주시 완산구 경원동에 위치하고 있고, 최근 전국적으로 관광객들이 모여들고 있는 전주시의 한옥마을 외곽에 위치하고 있다. 이곳은 한옥형태로 된 한정식 식당으로 주로 가족중심의 한정식과 지역의 토주인 막걸리를 주요 메뉴로 하고 있다.

천년누리봄은 전주효자시니어클럽에서 운영하고 있는 13개 사업 중에서 규모면에서 가장 큰 사업장이다. 천년누리봄의 주요한 특징은 지역사회의 노인을 대상으로 생활급여를 제공하고자 한다는 점과 노인의 능력에 맞추어 근로시간을 배정하는 등 노인을 배려하고자 한다는 점이다.

천년누리봄은 전주지역뿐만 아니라 전국적으로 노인대상 시니어사업의 대표적인 성공사업으로 알려져 벤치마킹의 대상이 되고 있고, 2010년, 2013년 전주국제영화제 2부 행사지가 되면서 많은 연예인과 영화배우들이 다년간 곳으로 현재에도 전국적 유명세를 타고 있다.

천년누리봄은 어떠한 과정을 통해서
탄생하게 되었나요?

　　　　　　　　천년누리봄이라는 상호명은 나름
의 의미를 가지고 있다. 천년누리봄에서 '천년'은 전주시가 내세우는
캐치프레이즈catch-phrase인 '천년도시 전주'에서 그리고 '누리봄'은 '봄
이 다시 환하게 온다'는 의미를 가지고 있다. 그 두 용어가 합쳐진 천
년누리봄은 '추운 겨울이 지나고 봄이 다시 환하게 오듯 어르신들에
게 제2의 봄이 왔음'을 의미한다.

　천년누리봄은 현재까지는 각종 매체에 알려진 것처럼 사회적 기
업 형태는 아니다. 이 사업은 2009년 한국노인인력개발원의 노인창
업사업당시 지원액은 2억 원에 공모하여 선정되었으며, 그 당시의 지원금
으로 진행되고 있는 사업으로 사업의 목적은 전주지역의 노인일자
리를 마련하는 데 있다. 당시 공모에 선정된 전주효자시니어클럽은
종전의 노인일자리사업에서 제공하는 월 20만 원 수준의 급여로는
노인들에게 용돈수준밖에 되지 않기 때문에 실제 노인들의 생활
급여 정도의 수준으로 지급하기 위해 자체적으로 아이디어를 공모
하여 현재의 천년누리봄 사업을 고안하였다.

　사업의 내용이 가족단위를 대상으로 한 한정식과 지역 토주인 막
걸리 판매를 아이템으로 하고 있기 때문에 2009년 당시 초기의 지
원금으로는 임대료가 비싼 한옥마을에 입점하지 못하고 한옥마을
외곽에 대지 528160평m², 건물 19860평m²의 한옥을 임차하고 리모델링
하여 현재의 천년누리봄에 이르게 되었다.

어느 사업이든 초기에는 시행착오를 경험하기 마련이다. 천년누리봄 사업 역시 초기에는 지원금 2억 원 이외에는 더 이상 지원을 받을 수 없는 상황이었기 때문에 사업의 수익에 더욱 비중을 두었다. 그래서 평일에는 다음날 새벽 2시까지 영업을 하였으며 일요일에도 여느 가게와 마찬가지로 문을 열었다. 특히 천년누리봄 주변지역에 한옥마을이 위치하고 있어 관광객이 많이 붐비는 일요일에도 영업을 하는 것이 당연시되었다. 하지만 천년누리봄은 근무자들이 고령자이기 때문에 이와 같은 영업시간과 근로강도가 노인들에게는 무리라고 판단하고 평일은 밤 12시까지 그리고 일요일은 휴무를

하기로 결정하였다. 그럼에도 불구하고 매출이나 영업이익에는 큰 변화가 없어 전주효자시니어클럽의 천년누리봄 관계자는 영업시간 조정을 가장 잘한 결정으로 생각하고 있었다.

천년누리봄은 처음부터 가족중심의 고객환경을 만들려고 했다. 지금은 일정규모의 요식업 사업장이 전면 금연지역으로 지정되어 있지만 당시에는 그렇지 않았다. 그럼에도 천년누리봄은 처음부터 구내전면 금연지역으로 설정하여 가족단위의 고객으로부터 환영을 받았다. 특히 천년누리봄이 2010년과 2013년 전주국제영화제 2부 행사장으로 이용되면서 많은 영화인과 연예인이 방문하는 식당으로 알려져 유명세가 전국으로 확산되었다.

천년누리봄의 2014년 기준 매출액은 3억 4천2백만 원 정도로 성장하였고 2009년에 지급된 지원금 이외에는 자체적으로 사업의 이익금으로 유지하고 있어, 천년누리봄은 마을기업이나 사회적 기업들이 지향하는 자체 물적 기반을 어느 정도 갖추고 있다고 볼 수 있다.

운영방식이 다른 곳과 비교해서 차이가 있나요?

천년누리봄은 출발부터 지역사회의 노인분들을 위한 일터로 시작하였다. 천년누리봄을 시작하게 된 계기는 20만 원 수준의 급여가 제공되는 기존의 노인일자리사업은

노인이 실제로 생활해 가기에는 넉넉하지 않은 수준이라는 판단에서 비롯되었다. 그래서 이 사업의 목적은 노인에게 실질적인 생활급여가 제공될 수 있는 일자리를 만들어주기 위해 시작하였다. 급여는 주로 시급을 기준으로 하여 제공된다. 천년누리봄에 근무하는 노인분들은 오전 9시에 출근하여 2시에 퇴근하는 분도 있고 오전 11시에 출근하여 저녁 8시에 퇴근하는 분도 있는 등 각각의 근로능력과 개인사정에 따라 근무시간이 다르다. 그렇기 때문에 매월 받는 급여 역시 하루 5시간 근무하는 분은 75만 원 정도를 받으며 그 이상 근무하는 노인분 중에는 150만 원 정도 받는 분도 있다. 이처럼 천년누리봄은 원래 사업취지대로 노인들이 일하면서 실질적 생활을 유지할 수 있도록 하고 있다.

천년누리봄에서 근무하는 노인분들은 피고용인이 아니라 주인의식을 가지고 근무할 수 있도록 배려받고 있다. 천년누리봄에서 판매되는 메뉴들 중 일부는 매월 1회 노인분들이 참여하는 상품개발회의에서 고안된 것도 있다. 그리고 매월 정규휴일인 일요일 이외 월 2회 휴무를 보장해 주며 매월 생일을 맞이하는 노인분들을 위해 생일잔치를 자체적으로 마련해 주고 정기적으로 야외 나들이도 하고 있다. 천년누리봄에 근무하고 있는 노인들은 현재 하고 있는 일에 대해 만족해하고 있다. 부정기적이기는 하지만 휴일인 일요일 중에 일정을 잡아 독거노인 100명 정도를 초청하여 식사를 대접할 때에는 스스로 돈도 벌면서 좋은 일도 하고 있다고 자랑스러워하는 분도 있었고, 손자 대학등록금을 본인이 일한 돈으로 마련

해 줄 때 할머니로서 제대로 노릇을 한 것 같다고 눈시울을 적시는 분도 있었다.

그동안 운영상의 어려운 점과
향후 전망은 어떤가요?

천년누리봄은 종업원 대부분이 노인분이다 보니 사업을 진행하면서 어려운 점들이 많다. 특히 노인분들은 체력적인 한계로 인해 저녁근무를 어려워한다. 물론 천년누리봄에서는 노인분들의 근무능력의 한계를 고려하여 근무시간을 조정해 주지만 저녁시간 손님이 한참 몰리는 시간에는 버거워한다.

천년누리봄을 실질적으로 관리하는 전주효자시니어클럽에서는 사업관리와 관련하여 이 업종 전문가들로부터 종종 자문을 받는다. 하지만 일반 식당업과 달리 대부분이 노인이 종업원인 점을 고려하지 않고 자문을 하는 경우가 많아 실제적으로 자문이 도움이 되지 못하는 경우도 많다고 한다. 오히려 매월 노인분들이 모두 참여하는 회의가 실질적으로 사업관리에 도움이 많이 될 경우도 있다고 한다.

2010년 개업 초기에 가장 염려했던 점은 천년누리봄의 위치가 전주한옥마을과 상당히 떨어져 있고 주변에는 아무것도 없어 마치 외로운 섬처럼 되어 있어서 손님들을 끌어들이는 것이 쉽지 않은 것이었다. 현재는 전주한옥마을의 상권이 계속 확장되어 천년누리봄의 주변에 많은 상점들이 들어서 있다. 그러나 성공적인 것으로 평가받고 있는 마을만들기 사업 중 상당수 사례에서 공통적으로 발견되는 것은 초기에 마을주민들이 사업의 일환으로 운영하는 가게들로 상권이 형성되지만 많은 관광객들이 찾아오면서부터 이른바 프랜차이즈 가게들이 하나 둘 들어서면서 원주민이 운영하는 가게들이 어려움에 처하게 되거나 폐점하게 되는, 즉 주객전도현상이다. 천년누리봄의 관계자는 오히려 유사한 종류의 업체들이 인근에 더 많이 들어 왔으면 하는 바람을 가지고 있다. 그것은 어느 정도 운영에 대한 노하우와 자신감이 있다는 의미이다.

천년누리봄이 지역사회에서 노인분들의 일자리를 제공해 주는 창업모델로 지금까지 성공적인 모습을 보여주는 주요 요인은 실제 그곳에 일하고 있는 노인분들의 만족도에서 나타난다. 일반적으로 자기가 하고 있는 일에 대해 자긍심과 만족도가 높으면 계속해서 일하고 싶어 한다. 우리 사회에서 노인일자리가 부족한 것이 부인할 수 없는 현실이고 본인과 가족의 생계를 책임질 수밖에 없는 노인분의 경우에는 부득이하게 어려운 일을 마다하지 않고 일할 수밖에 없지만 천년누리봄에 근무하는 노인분들은 생계문제해결과 일에 대한 만족을 동시에 가지고 있는 것 같다. 개업 초기부터 현재까지 근무해 온 노인분들은 총 14명이다. 이들 중 몇몇 분은 개인적 사정으로 일을 그만두었지만 나머지 분들은 계속해서 일하고 있다. 어떤 분은 개업 초기에 60대 중후반이었는데 현재는 70대 초반이 된 분도 몇몇 있다. 지금도 천년누리봄에 취업을 하기 위해 여러 노인분들이 대기 중이다. 천년누리봄에서 종업원을 뽑는 기준은 만 60세 이상을 대상으로 하고 간단한 면접을 통해 선발해 두었다가 기존의 노인분들 중에 퇴직하는 분이 생기면 대기자를 보충하는 방식으로 이루어진다.

하지만 천년누리봄을 관리하는 입장에서는 이 사업장을 지속하는 데 어려움이 있다. 현재와 같이 외부의 예산지원 없이 천년누리봄의 자체 수익으로 유지하는 데 있어서 가장 큰 어려움은 식자재비의 상승과 인건비 증가이다. 여러 요인에 의해 야기되는 식자재비 상승은 가능하면 메뉴 내용의 변화를 통해서 음식물의 질적 변화를 가져오지 않으면서 손님들을 만족시키는 서비스를 제공해 오고 있다. 하지만 천년누리봄과 같이 많은 인원이 필요로 하는 경우에 지출에서 많은 비중을 차지하는 것은 인건비이다. 이 사업의 원래 목적이 노인들에게 실제 생활급을 보장하기 위한 것이기 때문에 물가상승요인을 고려하여 노인분들에게 적정한 급여를 보장해 주는 데에는 재정상의 한계를 지닐 수밖에 없다. 하지만 천년누리봄에서는 노인분들의 근속을 유도하면서 실제 급여상승효과를 가지고 있는 장기근속 급여지급방식을 채택하고 있다. 5년 이상 근속자에게 근속수당을 지급함으로써 노인분들이 한 직장에서 근속하는 데 대한 보상과 실제 급여인상효과를 동시에 주고자 하는 것이다.

전주시 천년누리봄은 2010년부터 정부지원금을 종자자금seed money으로 하여 현재는 외부의 예산지원 없이도 사업을 지속하고 있다. 일반적으로 자영업의 경우 3년 이내 90%가 폐업을 한다고 하지만, 천년누리봄은 지금까지 성과를 볼 때 사회적 이익을 추구하는 사업도 지속될 수 있다는 점을 보여주는 성공적 사례 중 하나로 자리매김하고 있다. 인구성장의 추계에 의하면 2024년 무렵이 되면 우리 사회는 본격적으로 초고령사회로 진입하게 된다. 그런 측면에서 전주의 천년누리봄은 노인들이 스스로 자립할 수 있으며 사회에도 기여할 기회를 제공해 주는 사례로서 벤치마킹의 대상이 될 수 있을 것으로 본다.

순창 고추장마을

- 전북 순창군

문 경 주

경성대학교 한국사회과학연구(SKK) 연구팀

전라북도 순창군에 위치하고 있는 순창고추장마을은 순창고추장이라는 지역특산품을 브랜드로 하여 순창군에서 조성한 마을이다. 이 마을의 특징은 이 마을에 거주하고 있는 주민들은 이 마을에서 생활하면서 고추장을 생산·판매하는 주거와 제품생산을 함께 하고 있다는 점이다.

순창고추장마을은 현재 50, 60대 중장년층과 노령층의 연령대가 주류를 이루며 고추장을 생산하고 판매하고 있다. 그리고 순창군에서는 순창장류사업소와 메주연구소 등을 설립하여 이 마을주민들을 지원하고 있고 2006년부터 매년 11월에 '순창고추장박람회'를 개최하고 있다.

전라북도 전주시에서 국도 17번과 27번을 타고 순창군으로 접어들면 벌판에 마을 하나를 발견할 수 있다. 격자형의 모습으로 구성된 마을은 전통가옥들로 조성되어 있고 마을 외곽에는 현대식 건물의 각종 연구소와 체험관으로 이루어져 한눈에 보기에도 자연발생적으로 만들어진 마을이 아니라 인위적으로 조성된 마을이라는 느낌을 받게 된다. 마을 한가운데를 가로지르는 큰 길 양옆의 전통가옥들 내에는 고추장이 담겨 있는 크고 작은 도기들이 촘촘히 마당을 메우고 있고, 가옥 처마 밑에는 메주들이 그네를 타고 있는 모습을 쉽게 발견할 수 있다.

순창고추장마을은 1997년 '순창전통장류육성과 특산단지운영조례'에 의해 조성되었다. 이 마을이 조성되기 전에는 순창읍·면에 20여 고추장 생산가구가 '고추장골목'을 조성하여 순창고추장을 생산·판매하여 왔지만, 소규모 고추장 생산가구라 하더라도 고추장을 만드는 과정에서 발생하는 폐수로 인한 수질오염문제가 제기되자 순창군은 지역특산물을 특화하기 위해 현재 조성된 지역에 순창고추장마을을 조성하게 되었다. 2004년까지는 순창군에서 마을 조성 및 정착에 주력하였으며 2007년 7월부터는 장류사업을 신 활력사업으로 지정하여 장류에 대한 연구, 유통, 마케팅지원을 적극적으로 하고 있다. 현재 54가구가 입주하여 마을을 조성하고 있으며 이 중 39가구가 고추장을 생산·판매하고 있으며 나머지 가구는 거주만 하고 있다. 현재 마을 내에는 5개의 영농조합법인이 설립되어 있다. 그러나 이 가운데에서 정보화마을영농조합, 순창고추장연합회 2개 단체에만 모든 가구들이 가입되어 있다. 순창고추장마을은 매년 11월에 순창고추장박람회를 통해 전통고추장의 효용성을 전국적으로 알려 고추장마을의 지속성을 위해 순창군과 마을주민들이 노력하고 있다.

순창고추장마을은 자연발생적인 마을입니까?

순창고추장마을은 자연발생적으로 조성된 마을이 아니다. 이름에 마을이 붙어서 그렇지, 실제로는 1997년 이 마을의 조성근거의 조례이름에서 나타나 있듯이 제조업이나 산업단지, R&D산업의 연구단지와 같이 인위적으로 조성된 특산단지이다. 그러나 다른 산업단지나 연구단지와의 차이점은 이 마을의 가옥들이 생산공장이자 판매장이면서 동시에 거주하면서 생활하는 공간이라는 점이다. 마을의 가옥들은 전통방식의 고추장을 담그기 위해 메주와 도기들이 가옥 마당에 즐비하게 채워져 있고 가옥 입구에는 고추장상품이 전시되어 찾아갈 주인을 기다리고 있다. 어떤 고객은 직접 단지를 가져와 가격만큼 고추장을 퍼가기도 한다. 하지만 이곳 역시 주로 판매는 진열된 고추장상품 판매, 인터넷 판매, 택배에 의한 주문판매로 이루어지고 있다.

한마디로 말해서 순창고추장마을은 자연발생적 마을이 아니라 전통고추장을 생산·판매하기 위해 인위적으로 조성된 특산단지이

지만 마을의 내용을 찬찬히 살펴보면 마을의 구성원들은 생산자, 판매자이면서 동시에 마을에 거주하는 주민들이다.

순창고추장마을 초창기
어려운 점은 없었나요?

순창고추장마을은 순창읍·면에 흩어져 있던 고추장 생산가구들을 순창군에서 현 지역에 집적화시키면서 조성되었다. 초기에는 공동생산·공동판매 방법을 도입하였으나 성공을 거두지 못해 그 여파가 현재까지 남아 있다고 한다. 초기에 이와 같은 방식을 도입한 이유는 순창고추장이라는 브랜드를 통해서 대규모 생산과 판매를 전제로 한 대기업청'원의 본사와 공장이 순창군에 입지하였고 이에 소규모 가구중심의 고추장 생산가구들이 규모와 경쟁력을 갖추기 위한 목적이었다. 하지만 당시까지 개별생산과 판매를 해왔던 생산가구들이 공동생산과 판매에 대한 이해부족으로 공동생산과 판매방식은 성공을 거두지 못했다. 현재로는 생산가구가 속해 있는 영농조합과 연합회를 통해서 고추장을 판매하고 있으며 판매액은 유지되고 있으나 고추장이라는 상품이 가지고 있는 수요의 한정 때문에 생산량은 현상유지하고 있는 실정이다.

마을주민 간 갈등은 없나요?

순창고추장마을 구성원의 연령대는 20대에서 70대까지 다양하다. 하지만 대부분의 연령층은 50, 60대이며 이들은 이 마을이 조성되었던 1990년대 후반에 이 마을에 와서 이제는 자식이나 친지에게 집안과업을 물려주려 하고 있다.

마을에서 젊은층에 속하는 30대와 40대는 순창고추장의 브랜드를 통해서 새로운 판로를 개척하기 위한 노력을 보이는 등 보다 적극적인 입장을 가지고 있다. 반면에 이 마을의 다수를 이루고 있는 50대와 60대 주민들은 현상을 유지하고자 한다. 따라서 이 마을에서도 젊은 세대와 고령세대 간에도 이견이 분분하다. 하지만 주류를 이루고 있는 고령세대의 의견에 대해서 젊은 세대의 의견이 반영되지 못하고 있다. 그 이유는 현재 고령자들 역시 젊은 시기에 이 마을에 들어왔을 때 현재의 젊은 세대와 같은 생각을 가지고 있었고 실행해 보았지만 좋은 결과를 내지 못했다는 학습효과를 가지고 있다. 또한 이 마을에서 생산하는 고추장이라는 상품의 특성상 시장의 수요가 한정되어 있고, 다른 한편으로는 대기업도 고추장 시장에 들어와 있어 상품개발이나 마케팅전략의 측면에서 비교우위에 있지 못하고 있음을 알고 있기 때문이다. 이 마을을 조성하는 데 주요한 역할을 해온 순창군은 2003년에 장류사업소를 만들어 순창고추장마을을 지원하고 있지만 대기업의 마케팅전략을 능가할 역량을 갖추지 못하고 있다. 마을 내 젊은 세대와 노령세대 간의 갈등이 발생할 경우에도 순창군은 중립적 입장을 취하고 있다는 점에서 자연스럽게 현재 다수를 이루는 원세대인 50, 60대의 의견을 중심으로 갈등이 조정된다고 볼 수 있다.

순창고추장마을이
지속가능할까요?

이 마을의 세대교체는 주로 가족이나 친지중심으로 이루어지고 있다. 고추장사업이 주로 가족중심으로 이루어지기 때문에 현 세대가 고령화되어 더 이상 생산일선에 있지 못할 경우 자식이나 친지에게 고추장 만드는 비법을 물려주게 된다. 예전에는 부모가 해오던 일을 자식들이 전수받기를 부모도 원하지 않았고, 자식도 가급적 다른 일을 하고 싶어 했다. 하지만 최근에 와서는 그러한 생각에도 변화가 생기고 있다. 이 마을의 가구 대부분은 자식과 친지들이 부모나 윗세대로부터 대를 이어 받고 있다. 그래서 어떤 가옥 앞에는 몇 대째 고추장을 만들어온 것을 자랑하듯이 '원조 ** 고추장'이라는 가게 이름을 내걸고 있는 모습을 심심치 않게 볼 수 있다.

이 마을을 조성한 순창군의 입장을 듣기 위해 순창고추장마을 내에 있는 순창장류사업소 관계자를 만났다. 순창장류사업소 관계자는 이 마을의 사업이 이 마을의 사업주들가구주만의 문제가 아니라 순창군에서 지역특화차원에서 지원하고 있는 사업이기 때문에

이 마을의 지속성을 위해 여러 측면에서 지원하고 있다고 한다. 마을입구에 고추장을 만드는 전 과정을 체험할 수 있는 체험관을 만들어 실제 외부인들이 순창고추장이 어떠한 과정을 통해서 생산되는지를 체험할 수 있게 해주고 있으며 대학 연구소를 유치하여 새로운 장류개발에도 지원을 하고 있다.

우리에게 고추장은 우리의 생활에서는 없어서는 안 되는 먹거리 양념으로 자리매김해 온 지 오래다. 비록 주민들에 의해 자발적으로 조성되지 않고 지방자치단체의 지역특화사업 일환으로 조성된 순창 고추장마을은 조상으로부터 대대로 내려온 전통방식에 따라 장을 담그고 만들어내어 우리의 식탁을 풍요롭게 한다는 점에서 그 존재 가치가 있다. 하지만 염려되는 부분은 오늘날과 같이 개방된 사회에서 외국의 값싼 재료로 만들어진 고추장과 이미 어린이와 젊은 세대의 입맛을 바꾸어놓은 인스턴트 먹거리로 인해 전통방식에 의해 만들어진 우리의 전통식품이 설자리를 잃지 않을까 하는 것이다.

삼국유사 화본마을 영농조합

- 경북 군위군

강 동 진
경성대학교 건설환경도시공학부 도시공학전공

화본마을은 경북 군위군 산성면에 자리 잡은 전형적인 농촌전원마을이다. 약 500여 년 전 김달영이 마을을 개척하였고 마을 산인 조림산의 형상이 山如花根故花本이어서 '화본'이 되었다고 한다. 1936년 중앙선 화본역이 준공되어 대구, 영천 등으로 이동하는 승객들과 화물운송을 목적으로 운영되고 있다. 현재는 1일 6회 정차하는 작은 간이역이지만, 6.25전쟁 당시 증기기관차가 급수를 받아 군수물자를 실어 나르는 데 없어서는 안 될 정도로 중요한 역이기도 했다. 이곳은 당시 급수탑과 역사건물이 1930년대 양식으로 보존되어 있고, 지금도 운영 중인 역전상회를 비롯한 마을 안길의 근대 풍경은 전형적인 농촌지역의 기차마을 풍경을 상징하고 있다. 이러한 리트로한 마을 분위기를 활용하여 마을의 가치발굴과 마케팅을 위한 노력이 2010년대부터 시작되었고 2013년에 삼국유사 화본마을 영농조합을 설립하여 오늘에 이르고 있다.

80년이 넘도록 그 자리를 지키고 있는 화본역 급수탑

마을 중심의 79번 국도 양쪽으로 늘어선 벽들이 예사롭지가 않다. 우리나라 역사에 등장하는 인물들과 설화 속 주인공들이 마을 벽을 채우고 있다. 마을 분위기를 바꾸고, 지역 명소화 전략으로 추진되는 마을 벽화사업은 최근 들어 식상해져 시들해진 상황이지만, 화본마을의 벽화들은 1세대 벽화마을로서의 그 명맥을 아직 이어가고 있다.

화본마을에는 중앙선 기차가 하루 6번 선다. 학교들산성초, 산성중이 문을 닫고 인구가 줄면서 하루 십 여 차례 이상 섰던 정차 횟수가 크게 줄었다. 그래도 아직 화본역에는 증기기관차 시절 냉각수 공

옛 이야기들이 펼쳐져 있는 벽화

급처였던 급수탑이 포부당당하게 서 있어 화본역의 위상을 짐작케
한다.

역으로서의 기능은 거의 잃어가는 화본역. 그 화본역에 2012년부
터 생기가 돌기 시작했다. 화본역과 마을이 가진 옛스러움을 테마로
하는 지역재생사업에 눈을 돌리면서부터다. 사실 역만으로는 불가
능했다. 급수탑의 이미지가 강하긴 하지만 역 자체의 규모가 작아
외지로부터의 관심을 집중시키기에는 턱없이 부족했다.

그러나 화본마을은 특별한 지혜를 통해 이를 극복했다. 바로 그
비밀은 폐교산성중학교의 리모델링에 있었다. 폐교를 리모델링해서 무
엇으로 활용했을까? 또 어떻게 활용했기에 1년에 20만이 넘는 관광
객이 찾는 유명 마을이 되었을까? 그 비밀 이야기를 듣고 싶어 '삼국
유사 화본마을 영농조합'의 윤진기 대표이사님을 만나기로 했다.

화본역에서 산성중학교로 가는 읍내 길의 모습이 다른 마을의 길
과는 사뭇 다르다. 역전상회라는 상호를 가진 가게 앞에 서너 가족
이 몰려 있다. 흥정하는 사람, 연탄불 앞에서 뭔가를 하고 있는 사람
들로 북적댄다. 80년대까지 흥행했던 추억의 과자들이 좌판에 빼곡
하게 정리되어 있다. 주종이 쫀드기 종류이지만, 뽀빠이, 아폴로, 꾀
돌이 등 눈에 익은 과자봉지들이 함께한다. 연탄불의 정체는 쫀드기
를 굽기 위한 것이었다. 방문객들이 도시에서는 판매하지 않는 아이
들의 간식거리에 이리도 흥분(?)하는 것을 보니 이 과자들이 마을과
중요한 관계가 있는 듯했다. 마을의 정체가 더더욱 궁금해졌다.

　　산성중학교는 완전히 변신해 있었다. 물론 교문, 운동장, 교사 등의 기본 골격은 그대로 였지만 학교는 '엄마 아빠 어릴 적에'라는 테마에 걸맞는 추억과 기억으로 뒤덮여 있었다. 전시장으로 변한 교사 2층에서 윤진기 대표님을 만났다.

마을에서 언제부터 사셨는지요?

"대구서 건축소장일을 하다 62세
에 은퇴한 후 고향으로 돌아왔습니다. 벌써 8여 년이 흘렀습니다.
저는 산성초교, 중교가 모교인 화본마을 토박이지요. 가족은 대구
서 생활하고 있고, 지금은 본가를 지키며 혼자 살고 있어요. 마을
을 떠날 수가 없어요. 460년 전에 마을 입향한 선조들의 그 뜻을 저
버릴 수가 없군요."

얘기를 들어 보니 대표이사는 물론, 무공수훈자회 회장, 노인회
회장 등 현재 갖고 계신 감투만 한광주리다. 더군다나 이장협의회 명
예면장을 8년이나 하고 계신다고 하니 이분의 열정적인 지역사랑에
놀라지 않을 수 없었다. 마을에 귀향하면서 전국 농촌마을이 그렇
듯 화본마을의 쇠퇴를 그냥 보고 있을 수는 없었다고 한다. 변화의
필요성을 인지한 것이다. 그런데 500여 년 전에 형성된 전통적인 농
촌마을을 어떻게 변화시킬 수 있었을까? "산성면 1,324명, 화본마을
234명 111가구"를 정확히 얘기하시는 윤 대표님의 모습으로 보아 이
분이 화본의 개별가구 상황을 정확히 알고 있는 듯했다.

영농조합이 하고 있는 일에 대해
설명해 주세요.

영농조합 이름이 삼국유사로 시작
을 한다. 매우 특이해서 질문을 드렸다. 그 의미가 무엇이고 무슨 일
을 하시는지. 알고 보니 군위에는 일연 스님께서 삼국유사를 집필한
장소인 인각사가 있는 곳이다.

윤 대표님은 산성중학교 6회 졸업생이다. 2009년에 폐교된 이곳
을 되살리기로 마음을 먹고 1층을 기억 속에 남아 있는 40~50년 전
화본마을의 생활사를 축소하여 전시키로 하고 2010년 4월부터 준비

추억 속에 잠긴 가족들

하여 꼭 1년 후인 2011년 4월에 개관을 했다고 한다. 사실 학교 토지는 군위군 소유였지만, 교사는 1954년 교육청에 무상 임대하여 설립한 것이어서 군위교육청 소유였다고 한다. 여러 중재와 노력으로 교육청이 교사 소유권을 포기했고, 군수와 이장이 관리권 계약을 체결함으로써 교사의 활용이 가능했다는 것이다. 이 사실 하나만으로도 우리나라의 현실을 뛰어넘는 노력과 지역사랑이 있었기에 지금의 화본마을이 있음을 짐작케 했다.

화본역 일대의 풍경(자료: 군위군)

'엄마 아빠 어렸을 적에'는 어떤
프로그램으로 구성되어 있는지요?

"말 그대로 이곳에서는 80년대 이
전 보편적인 우리나라 어린이들이 골목길에서 놀았던 놀이들과 생
활역사가 그대로 전시되어 있습니다. 이곳의 특징 중 하나는 그냥
전시만 하는 것이 아니라는 점입니다. 아마 그냥 전시에만 머물렀다
면 지금과 같이 많은 사람들이 찾지 않았을 것입니다. 바로 '참여체
험'이지요."

그렇다. 운동장 담을 따라 온갖 놀이시설들이 줄을 서 있고, 담장
한쪽 켠에는 달고나 체험, 쫄쫄이 체험 등 다양한 구멍가게 체험이
가능했다. 연탄불 앞에 온 가족이 옹기종기 모여 설탕을 녹인 후 소
다를 넣고 노랗게 부푼 '달고나'에 문양을 찍으며 즐거워하는 모습
들이 계속되었다. 또 '스카이 콩콩'을 타며 넘어지고, 쥐포 굽듯 쫄쫄
이를 노릇하게 구워 길게 찢어 먹으며 웃음 짓는 젊은 연인들의 모
습 속에서 마치 70년대로 귀환한 듯한 착각에 빠지게 했다.

이뿐 아니었다. 교사를 돌아가니 어린 시절의 동네가 나타난다.
은행, 우체국 등이 공공건물들과 다방, 인형 총쏘기 등의 옛 놀이시
설 등이 모여 있는 마치 읍내 같은 동네였다. 주말에만 운영을 하는
곳인데, 이곳에서 실제 건물 용도에 맞는 체험이 일어난다고 한다.
한 가지 안타까운 것은 은행을 통해 지역화폐를 시도했지만 안타깝
게도 실천이 되지 못하고 있다는...

만국기가 펄럭이는 옛 산성중학교

이뿐 아니다. 윤 대표님 소유의 1,500여 평 밭에서 고구마, 팥, 조, 옥수수, 땅콩 등의 수확체험과 야생화체험과 공예체험도 할 수 있었다. 이곳은 아이들의 생활과 생산교육이 가능한 천국 같은 곳이었다. 더군다나 교사 2층에 주말유치원을 운영할 수 있는 공간이 확보되어 있어 더할 나위 없는...

토요일에는 평균 1,500명, 일요일에는 2,000여 명이 찾고 있는데 거의 대부분 대구 등 인근 도시에서 당일 방문객들이라 한다. 그래서 코레일에서 2억을 들여 1930년대 관사를 복원하여 만든 숙박시설 외에는 민박 등 숙박은 활성화되어 있지 못했다. 윤 대표께서도 "민박에 대한 추가적인 투자는 하지 않을 것이다."라 단언한다. 전문가들보다 더 정확한 이용자들에 대한 식견과 판단!!

2014년에 마을기업 최우수상을 받으셨는데 이에 대해 알려 주세요.

삼국유사 화본마을 영농조합은 작년 전국 마을기업 최우수상을 수상했다.시상금 5천만 원 전국의 마을기업 중 가장 큰 성과를 거두고 있다니 놀라운 일이다. 군위군 농어촌휴양마을 1호로 시작한 이래 영농법인은 불과 2013년 3월에 시작했는데도 괄목할 만한 성과다. 처음에는 비영리법인으로 시작했다고 한다. 그러나 곧 한계를 느끼고 20명의 조합원과 공유자산 6억으로 영농조합을 시작했다고 한다. 현재 33명의 주민들이 운

400여 년 전으로 돌아간 듯한 전시장

마을 길은 추억의 길

영에 참여하고 있는데 이는 마을주민 234명의 약 10%가 참가하는 셈이다.

영농조합의 운영은 어떻게 하시는지요?

현재 사무장 1인, 팀장 1인은 상근직으로 일하고 있고, 무보수로 일하는 본인대표이사을 제외한 주민 30명은 봉사금1일 5만 원을 지급하는 체제로 운영되고 있다. 영농조합과

2014년 최우수 마을기업의 영예!!!

연계 조직인 마을위원회는 총괄기획, 만들기체험, 마을정보, 수확체험, 시설물관리, 조경관리, 레일카페/민박, 마을교통안내, 환경미화, 지역특산물, 주말유치원 등으로 구성되어 있다.

주 수입원은 '엄마 아빠 어렸을 적에' 입장료, 체험장 사용료, 화본역에서 운영 중인 레일카페 등이며, 주민들은 각 사업장에서 각종 체험 도우미이자 판매자로 활동하고 있다. 이들에게 지급된 2014년에 인건비 지출이 무려 1억 6천8백만 원이고 이는 전국 마을기업 중 최고 수치에 해당하는 것이라 한다. 정말 놀라운 일이다.

영농조합의 로고와 슬로건

화본마을 체험프로그램

성공의 이유는 무엇입니까?

"1년 매출액이 약 4억 5천만 원입니다. 월급, 철도청에 지급하는 임대세 등레일카페 수익금 10%, 제경비 등을 제외한 순수익 전액은 모두 재투자를 합니다. 조합원들 중 이에 불만을 가지거나 돈의 흐름을 궁금해 하는 사람들이 있습니다. 저는 100% 공개를 원칙으로 투명하게 운영하고, 대표이사인 저는 무보수로 일하고 있습니다. 주민 일부는 수익을 재분배하기를 희망하기도 하지만 그렇게 되면 이 조합은 오래가지 못할 것입니다."

경제적으로 넉넉지 않은 농촌사회에서 수익을 분배하지 않고 미래를 위해 재투자한다는 것은 정말 놀라운 것이었다. 대표이사께서 무보수로 솔선수범하며 투명 운영2달마다 회의, 1년 정기총회 개최을 통한 주민들과의 신뢰구축이 성공의 가장 큰 비결임을 확인했다.

영농조합의 비전은 무엇입니까?

비전 얘기를 꺼내자 마자 대표께서 이런 말을 하신다. "사실 확실치는 않지만, 도시에서 귀향하는 젊은 사람들에게 도전의 기회를 주고 싶습니다." 현재에 머물지 않고 화본마을의 미래를 위해 더 큰 꿈을 가지고 계신 듯했다. 보다 구체적인 질문을 드렸다.

"추가사업으로 2012년에 폐교된 산성초교의 재활용을 구상 중에 있습니다. 리모델링해서 농어촌생활박물관으로 활용할 계획입니다. 전액 국비지원약 10억을 목표로 뛰어다니고 있습니다. 군위군청의 도움이 절대적입니다. 이 또한 운영관리는 개인이익이 없는 민영화를 목표로 하고 있습니다." 대표님의 얘기가 이어진다. "현재 1년 관광객이 약 20~25만 정도입니다. 산성초교까지 사업화가 진행되면 약 40만 정도는 되지 않을까 싶습니다. 그 정도 되면 화본마을이 크게 변하겠지요. 의미있는 일은 나중에 최근 가게들이 생겨난 것입니다. 카페, 식당들 서너 개소가 개업을 했습니다."

듣고 보니 바로 그게 도시에서 그렇게 달성하고 싶어 하는 '재생효과'였다. 사실 미국 역사상 가장 성공사업으로 평가되는 메인 스트리트 프로그램1970년대 중반 이후 2,500여 지방도시에서 채택에서도 사업성공의 판단기준이 개업 사업장과 신규 일자리 숫자라고 한다. 그런 면에서 도시의 수천 명 일자리와 수백 개소의 신규 사업장 창출효과를 화본마을이 달성 중에 있는 것이다.

1시간 남짓한 인터뷰 시간이 화살같이 지나갔다. 진정성 있고 열정적인 그의 설명을 뒤로 하고 둘러본 전시장과 체험장 곳곳에서 대표님과 조합원 모두의 정성어린 손때와 노고를 느낄 수 있었다.

결국 정답은 선각자적인 '사람'에 있었다. 넘치는 지역사랑과 열정의 도전의식, 그리고 화합의 지혜를 가진 리더 한 명이 지역을 바꿀 수 있다는 그 말은 진리였다. 자신의 것을 100% 내려놓고무보수에 타지에

달고나의 추억

서의 강의료도 받지 않으신다고 한다, 지역만을 바라보는 리더가 있을 때 그 마을은 성공하지 않을 수 없는 것이다.

운동장 한켠에서 달고나를 만드는 가족의 웃음소리가 들려온다. 하얀 설탕이 소다와 만나 바싹거리는 과자로 변해가는 과정이 신기한 아이들의 호기심에 추억에 젖어든 아빠 엄마의 수다들이 운동장을 가득 메운다.

욕지도 할매바리스타

- 경남 통영시

오 찬 옥
인제대학교 디자인대학 실내디자인학과

경남 통영에서 남서쪽으로 21.4km 떨어진 곳에 위치한 섬으로 배로 1시간 정도 걸리는 곳(삼덕항에서 1시간 소요, 통영시 여객선터미널에선 1시간 20분 소요)에 욕지도라는 섬이 있다.

이 섬은 1970년대 초까지만 해도 어업전진기지가 될 정도로 어업이 활발하여 서울 명동이 부럽지 않다는 말이 나올 정도로 돈과 사람이 끊이지 않던 곳이었다. 이 섬에 자부마을이라는 마을이 있는데 이전에는 파시를 이룬 부자동네였다고 한다.

그러나 어업이 쇠퇴하기 시작하고 마을에 있던 학교와 면사무소 등이 다른 마을로 옮겨가면서 자부마을은 낙후되기 시작하였다.

욕지도에 내려서 우측으로 해안길을 따라 3분 정도 걸어가면 '자부마을'이라는 돌로 된 표시가 보인다. 그대로 지나서 조금만 더 걸으면 왼쪽으로 작은 어촌마을이 눈에 들어온다. 가까이 가면 이 마을입구 코너에 하얀색 슬래브 건물에 노란색 바탕에 '욕지도 할매 바리스타'라고 적힌 커피숍이 보인다. 옛날에는 가정집이었고 민박 등으로 사용되던 주택을 작은 커피숍으로 리모델링하여 12명의 할머니들이 커피숍을 연 것이다.

커피숍을 하게 된 계기와 과정을 설명해주시겠습니까?

이 커피숍은 낙후된 마을을 살리고자 하는 면장님의 의지와 푸른 통영21추진협의회의 도움으로 시작되었다. 먼저 자부마을 섬마을 쉼터 생활협동조합이사장 고복재을 설립하였다. 이 마을 할머니 12명이 경상대학교 통영캠퍼스에서 실시하는 평생교육원에서 실시한 섬마을 쉼터 창업과정에서 커피 바리스타 교육을 받고 할매 바리스타가 되었다.

바리스타 교육은 통영에서 실시되었지만 할머니 12분이 섬에서 통영으로 배 타고 이동하는 것보다는 젊은 선생이 이동하는 것이 낫다고 생각하여 선생님이 배 타고 들어와서 가르쳐주었다고 한다. 2013년 9월부터 3개월 동안 배우고 1개월 정도 연습을 한 후 드디어 커피숍을 열게 되었다. 이들의 연령은 40대 후반에서 79세49세-79세까

지 다양하며 평균 연령은 65세였다.

처음 커피숍을 열었을 땐 가정집 벽면에 간판 하나 걸고 테이블과 의자 몇 개를 놓은 게 전부였다. 커피머신을 구입할 사정이 되지 못하여 프라이팬에 로스팅을 직접 하고 핸드드립을 하였다고 한다.

그러다 안전행정부가 지역공동체 활성화와 주민소득 및 일자리마련을 지원하는 사업인 '마을기업' 지원사업에 지원하여 2014년 4월에 마을기업으로 선정되었다. 그 지원금으로 현재의 모습으로 리모델링을 하고 최신 커피머신을 구입하여 사용하고 있다. 할머니들이 기계사용에 익숙하지 않아서 커피머신에는 그림과 함께 한글로 작은 메모들이 붙어 있었다. "뜨거운 커피 2잔", "아이스 커피", "아메리카노 에스페로", "손대지 말 것", "양 조절", "라떼 카푸치노", "기기 앞부분 청소하루 한 번"…

커피숍 내부는 할머니들이 운영하는 것 같지 않게 깔끔한 분위기였다. 테이블과 의자들이 다양한 형태로 배치되어 있었으며 한 벽면에는 방문객들을 위한 메모지가 벽면을 채우고 있었다. 주방과 면해 있는 벽면에는 메뉴가 붙어 있었다.

스무디 4000, 빼데기죽 4000, 고구마라떼 3000, 아메리카노 2500, 카페라떼 3000, 핫초코 3000, 카라멜 마끼아또 3500, 고구마 마들렌3개 1000원 ….

이 많은 메뉴들을 다 소화해낸다는 것이 신기할 정도였다. 12명의 할매 바리스타들은 하루에 3명씩 돌아가며 근무를 하고 있다.

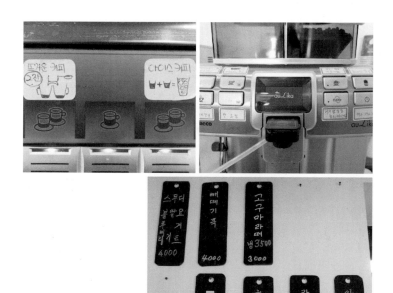

욕지도 할매 바리스타들은 지역학교인 욕지중학교 학생 3명에게 장학금을 전달하기도 하였다통영뉴스 2014년 10월 29일자. 욕지중학교 자유학기제 선택활동 프로그램에 바리스타 강사로 참여해서 받은 강사비 전액총 46만 원을 학생들의 장학금으로 기탁했다.

커피숍에서 일하시면서
가장 좋은 점은 무엇입니까?

할매 바리스타는 이 일을 하면서 시간개념이 생겼다는 것이 가장 큰 성과라고 하였다. 나흘마다 일을 하고 있으니 나머지 사흘을 보다 효율적으로 사용하게 되고 나흘에 한 번은 집일이 아닌 커피숍에서 바리스타로 일을 하니 생활리듬이 생기게 되었다는 것이다.

아직은 정부 지원금에 의존하고 있는 실정이라 수익금을 논할 상황은 아니지만 60이 넘은 나이에 일을 한다는 것, 그것도 최신 뜨고 있는 바리스타로 일한다는 것 자체가 생활에 큰 활력과 기쁨을 주고 있는 것이다.

부산 노신사밴드 문화쉼터

– 부산 동래구

김 수 영
경성대학교 사회복지학과

(사)문화쉼터는 지역사회에서 방황하는 청소년들의 문제를 문화운동을 통해 해결하려는 생각으로, 1996년부터 청소년과 청년들이 많이 모이는 대학가 주변에서 작은 음악회를 열기 시작하였다. 연주하는 음악은 재즈나 팝은 물론, 동요에서 클래식까지를 넘나들면서 그들의 생각을 지금까지 실천하고 있다. 이제는 정부로부터 인증을 받은 사회적 기업으로서, 지역사회에 문화확산을 위해 책임을 다하고 있다.

이 사례에서 주목해 볼 것은 문화운동을 주도하는 음악밴드 멤버들의 연령이 주로 70~80대 고령으로, 우리나라 재즈 1세대가 중심이 되어 있다는 점이다. 결국 그들은 자신들의 생업이었던 음악연주를 지금까지 현업으로 유지하면서 사회가 필요로 하는 곳곳에서 문화운동을 통해 우리 사회에서 공동체성을 키워가고 있는 것이다. 그들의 활동은 '활기찬 노화'를 실천하는 대표모델 그 자체이며, 그들의 열정은 젊은 세대와의 교감을 통해 연령편견을 줄여가고 있다.

(사)문화쉼터는 어떤 계기로
만들어졌나요?

대학가 근처 상가 밀집지역은 대학생뿐만 아니라 청소년들도 많이 드나드는 장소다. 따라서 그런 지역에는 건전한 문화와 함께 건전하지 못한 성인 모방문화가 공존한다.

부산 문화쉼터 설립자 강형식 목사는 대학로에서 거리를 방황하는 청소년들을 이해하게 되면서 이 아이들이 가진 문제의 깊은 곳에는 가족과의 관계망 취약이나 소통부족이 존재함을 알게 되었다. 또한 우리 사회도 방황하는 아이들의 심리·정서적인 목마름을 채워주고 건전한 사고를 공유할 수 있는 기회를 마련하는 데 너무 무관심하다는 문제의식을 가지게 되었다. 그래서 그는 시민들의 문화적인 성숙을 위해서는 함께 나눌 수 있는 콘텐츠가 필요하다고 생각하여, 1996년부터 대학가에서 조그마한 음악회를 열기 시작하였다. 마침 그의 지인들 중에는 우리나라 재즈 1세대로 대중음악에 종사했던 사람들이 많아서 음악회는 순조롭게 지속될 수 있었다.

음악연주회에서는 청소년, 대학생, 가족 단위의 시민 등 많은 사람들이 관심을 가져주었다. 그는 공연장의 테이블을 원탁으로 배치하여 서로 소통할 수 있는 분위기를 만들었고, 연주자들은 기타, 색소폰, 트럼펫, 트롬본, 봉고 등 다양한 악기를 연주하였으며, 음악은 동요, 클래식, 팝, 재즈 등 여러 장르를 망라하였다. 그는 연주회를 지속적으로 유지하기 위해 2006년에 '문화쉼터'라는 사단법인을 설

용두산 공연
—
광안리해수욕장 공연
—
요양원 공연

립하여 더 외형을 갖춘 모임으로 운영해왔다. 애초에 그는 문화사역을 한다는 생각으로 꾸준히 이 일을 감당해 왔지만, 이제는 20년의 역사를 가진 아름다운 문화단체로 자리 잡게 되었다.

　이 단체는 매년 적게는 2-3회, 많게는 7회씩 사람들이 많이 모이는 공원이나 역 광장, 역사가 깊은 번화가인 부산의 광복로, 그늘진 교도소, 병원, 바닷가 등에서 '재즈와 클래식 페스티발', '재즈와 CCM 페스티발', '재즈 라이브 페스티발' 등을 열면서 지금까지 시민들에게 행복 바이러스를 전해주고 있다.

연주자들은 대부분 지금도 현역으로 연주활동을 하고 있는 고령자들이며, 연령은 최고 86세에서 최저 50대 중반이다. 하지만 이들이 연주를 통해 뿜어내는 열정을 보면 도저히 70~80대의 고령이라는 생각을 할 수 없게 만든다.

한편 고령의 연주자들은 생계도 고려해야 하기에 지난 2011년에는 예비 사회적 기업으로 인증을 받았고, 현재는 사회적 기업으로 인증받아 정부 지원을 받고 있다. 이들은 자신들이 소신껏 일한 지금까지의 활동을 '문화운동'이라고 생각하면서, 우리 내면에서 아름다운 문화회복운동이 일어나기를 바라고 있다.

그동안 (사)문화쉼터를 유지하면서
어려웠던 점은 무엇이었나요?

문화쉼터는 20년을 유지해 오면서 여러 가지 난관을 경험하였다. 가장 큰 문제는 무엇보다도 고령 연주자들의 생계문제였다. 즉, 연주자들은 소위 우리나라 재즈 1세대들로서, 배고픈 시절을 오랫동안 경험했다. 하지만 지금도 여전히 공연이 경제적인 문제를 해결하는 수단이 되기는 어렵다. 게다가 연주자 중 한두 명이 생계문제로 중도탈락했거나, 핵심멤버가 암에 걸려 더 이상 연주를 할 수 없어 좌절하기도 했으며, 어떤 이는 사랑하는 아내를 잃은 상실감으로 힘들어하는 등 연주가 가능한 규모의 고정멤버를 유지하는 것이 쉽지 않았다. 뿐만 아니라 고령 연주자들의

주 무대는 노상이어서 대중의 관심을 계속해서 이끌어내기도 어려
웠다. 현실적으로는 매주 일요일 오후 광복로 공연에서 모금함에 담
기는 돈도 멤버들을 격려하기에는 역부족이었다.

하지만 다행히도 기회가 왔다. 문화쉼터 대표인 강형식 목사가 오
래 전부터 알고 지내던 영화감독 이장호 씨와 탤런트 남윤정 씨가
기꺼이 연주회의 진행을 맡아 문화쉼터를 지지해 주었다. 그들의 지
원은 문화쉼터의 존재를 시민들에게 알리는 데 큰 힘이 되었다. 그
후 지금까지 문화쉼터는 일정 수준의 모금으로 소박한 살림을 유지
해가고 있다. 그러나 이들의 활동에서 이익을 추구하는 것이 우선적
인 목표가 아니므로 경제적인 어려움은 여전하다.

사회적 기업으로서의 특성은 무엇인가요?

현재 문화쉼터는 사회적 기업으로
서 활동의 폭을 넓혀가고 있다. 이들은 예비 사회적 기업의 경험을
바탕으로, 2013년에는 사회적 기업으로 인증을 받아 정부 지원으로
다소 안정적인 활동기반을 마련해 가고 있다.

이들의 사회적 기업으로서의 활동은 크게 악기교육, 연주활동,
후원, 사회공헌으로 나눌 수 있다. 우선 지역사회에 문화쉼터라는
모임의 지명도가 높아지면서 사회적 기업의 운영방식에 따라 일반인
들에게 실비로 악기교육을 해준다. 지역아동센터나 어린이집의 경

우에는 학생이 6명 이상이면 출장교육도 하고, 그 외에도 공연요청을 받아 여러 곳에서 연주를 하기도 한다. 그러나 무엇보다도 이들의 대표적인 활동은 6년째 일요일마다 부산 광복로에서 열리는 거리공연이다. 매주 공연 수익금은 거의 45~50만 원 정도로, 일정 규모의 관람객이 확보되어 있다. 문화쉼터의 멤버들은 여기서 확보된 예산으로 매년 1,800~1,900만 원씩 교도소에 후원을 한다. 그들의 후원은 예비 사회적 기업으로 인증을 받은 후 지금까지 이어지고 있다. 뿐만 아니라 교도소에는 현금후원과 함께 공연을 통해 재능기부도 하고 있다. 그밖에 부산진역 광장에서는 무상급식을 제공하면서 공연도 하고 있고, 특히 취약가정 아동을 대상으로 하는 악기레슨 등

사회적 기업으로서의 사회공헌활동도 지속하고 있다. 이러한 활동들은 당연히 사회적 기업에게 주어진 공적인 책무이다. 하지만 실제 노인들의 연주를 가까이에서 직접 보고 있으면 그들이 뿜어내는 열정과 함께 자신이 하고 싶은 일을 하는 것에 대한 당당함이 지속적인 후원활동을 가능케 한 것임을 알 수 있다.

그러나 아직은 지역사회 내에서 문화쉼터에 대한 시민들의 신뢰가 충분하다고는 말할 수 없다. 여전히 다수의 시민들은 사회적 기업이 무엇인지, 80대 2명, 70대 7명, 60대 5명, 막내인 50대 1명으로 구성된 14인조 풀 밴드가 왜 흥겹게 연주를 하고 있는지 잘 모른다. 결국 이들은 여전히 자신들과의 싸움은 물론 무관심한 시민들을 내 편으로 끌어들여야 하는 과제를 안고 있는 것이다.

앞으로도 거리에서 노신사밴드의 연주를 계속 들을 수 있을까?

우리는 해외여행을 가면 운치 있는 오래된 골목길이나 대성당의 언저리에서 거리악사들이 이국적인 분위기와 어울리는 아름다운 연주를 하는 모습을 보곤 한다. 그리고 이런 기억은 여행을 마친 후에도 가슴 속에 조용히 남아 있다가 가끔 스마트폰의 사진첩을 뒤져보게 만들거나 다음 여행의 설렘을 불러내곤 한다. 우리나라에서는 아직 이런 모습이 낯선 편이다. 최근 부산 해운대 바닷가에서는 밤바다를 배경으로 가수들이 연주하는 모습을 볼 수 있지만, 동서양의 문화적인 차이 때문인지 그 맛은 다른 것 같다. 그렇지만 관람자로서 똑같이 드는 생각은 그들의 연주활동이 과연 생계에 도움이 될까, 그리고 연주하는 데 얼마나 많은 에너지가 소모될까하는 애틋함과 동정심이다. 그런데 문화쉼터 노인 밴드의 경우, 평균 칠순의 노인들, 심지어 구순을 바라보는 노인들이 무거운 악기를 들고 또는 젊은이 못지않은 고음을 내뿜으며 한 시간 반 동안 연주하는 모습을 보고 있으면 그냥 그들을 지지하고 응원해 주고 싶은 마음이 앞선다. 왜냐하면 노년학자의 눈으로 볼 때 그들은 활기찬 노화를 설명하는 완전한 롤모델이기 때문이다. 게다가 악보 없이도 800~900곡을 소화할 수 있다는 78세의 보컬 이수열 씨가 공연 내내 재즈에서 팝을 넘어 우리 가요까지 넘나드는 모습을 보고 있으면 평생 현업을 가진 그들에게 찬사를 보내지 않을 수가 없다.

일반적으로 노년기가 되면 사회참여의 기회가 축소되거나 단절되어 생산적인 일에서 점차 밀려나게 된다. 아무리 경력이 많은 사람이라도 퇴직제도에서 자유로울 수 없고, 심지어 본인의 의사와는 무관하게 비자발적인 정년퇴직을 하는 사람도 주변에서 흔히 본다. 그런데 문화쉼터의 회원들은 자기가 좋아 평생 음악과 더불어 살았고, 지금도 여전히 연주활동을 하고 있다. 누군가가 박수를 쳐주기에 팔순이나 구순이 다 되어도 마음은 청춘인양 즐겁게 연주할 수 있는 것이다.

Raw와 Kahn의 성공적인 노화 이론에 따르면 성공적인 노화의 구성요소에는 질병으로부터의 자유, 인지기능의 유지, 지속적인 사회적 관계의 유지가 포함된다.Raw & Kahn, 1998 문화쉼터 회원들의 역할과 활동은 성공적인 노화 이론을 설명하는 대표사례 그 자체라고 말해도 과언이 아니다. 엘토 색소폰을 다루는 팔척장신의 86세 김경호 씨는 이전에는 TBC 악단장이라는 명성을 가지고 있었지만, 이제는 최고령 연주자로서 연주를 통해 자신의 존재감을 확인하고 장수의 기쁨을 누리고 있다고 말했다. 그는 장수의 비결 중 첫째인 '자신이 해오던 일을 계속함'이라는 원칙이 틀리지 않음을 증명해 보여주는 산 증인이다. 한 시간 반의 거리연주를 마친 그에게 힘들지 않느냐고 여쭤보니, "자신이 좋아서 하는 일이고 누군가를 즐겁게 해주는 일인데 뭐가 힘드냐"고 반문하였다. 그를 다시 만난 날은 11월 말 늦은 오후의 초겨울 날씨였다. 올드 팝 데니 보이를 연주하던 그는 어느 새 점퍼를 벗고 빨간 티셔츠만을 걸친 채 상기된 모습으로 연주에 몰입하고 있었다. 해가 지면서 어둠이 깔리는 광복로를 등 뒤에 두고 세련되게 색소폰을 연주하는 그의 모습은 평생을 자신이 좋아서 선택한 삶을 지켜나가는 노연주가의 아름다운 모습 바로 그것이었다. 또한 트롬본을 연주하는 박태식 씨는 뇌출혈로 인한 편마비로 왼팔에 악기를 묶어서 연주를 하지만, 팀의 마스터로서 가끔은 보컬을 도와주며 행복한 연주를 계속하고 있다. 연주를 마친 그는 음악을 연주하면서 받는 긍정의 힘을 통해 질병을 밀어냈다고 자신있게 말하였다. 또한 미8군 하우스밴드 출신인 78세 보컬 이수일 씨는 전립선암으로 투병 중이며 척추협착증도 앓고 있지만 암과의 싸움을

이겨내면서 체력을 유지하고 있다. 그는 아무리 허리가 아파도 노래를 하고 있으면 다 잊어버린다고 말하면서 인터뷰를 했던 날에도 여전히 'My Way'를 열창하였다. 짧지 않은 연주가 끝난 후 문화쉼터의 고령 연주자들은 앞으로도 매주 대중과의 사회적인 끈을 놓지 않고 연주를 계속할 것이라는 무언의 메시지도 함께 전해주었다.

이들이 즐겁게 연주하고 노래 부르는 힘은 어디서 나오는 것일까? 정년이 없는 음악연주 활동은 과거나 현재나 이들을 계속 현역에 머물게 해주는 샘물이기 때문일까? 사회적 기업을 통한 활동을 하면서 여전히 사회가 자신들을 필요로 한다는 자긍심이 커졌기 때문일까? 아니면 적은 수입이지만 매달 받는 월급이 이들에게 계속 일하라는 현실적인 동기를 부여해 주었을까?

마지막으로 문화쉼터에게 뜨거운 박수를 보내고 싶은 이유를 몇 가지 더 소개한다. 현재 영화감독 이장호 씨는 이들을 대상으로 하는 휴먼 다큐멘터리를 제작 중이다. 세상 어디에 이보다 더한 휴먼 드라마가 있을까? 게다가 이들은 2015년 4월에 SBS 프로그램인 '스타킹'에 출연하여 활기찬 노년의 진면목을 유감없이 보여주고 대상을 차지하였다. 또한 최고령의 김경호 씨는 EBS 다큐멘터리 '장수의 비밀'에 출연하여 장수의 비결을 과시하기도 했다.

(사)문화쉼터 대표 강형식 씨는 이제 이들의 안정된 생활과 문화쉼터의 지속가능성을 확대하기 위해 최근 홍보마케팅 전문가를 영입하여 다양한 문화상품을 기획하고 있고, 그의 마지막 꿈인 문화촌을 도시 근교에 건립하려는 계획도 계속 진행 중이다. (사)문화쉼터를 사랑하는 사람들 모두는 강 대표가 언젠가는 음악을 비롯한 문화자본이 축적된 아름다운 공동체를 만들어내기를 진심으로 기대한다.

에필로그

노인들은 건강하고 안정된 삶을 통해 행복한 노년을 추구하고자 한다. 노년기의 미래는 불확실하다고들 하지만, 활기차게 노년을 보내는 사람들은 적극적인 생활을 영위하면서 자신의 미래를 그려보고자 한다. 그들에게는 더 이상 직장생활이나 자녀양육과 같은 과업은 없지만, 어떤 의미를 부여할 수 있는 일을 지속적으로 하면서 노년기 생활에 가치를 부여하고 싶어 하는 것이다.

출생 이후의 생애단계를 모두 경험하고 이제 마지막 단계에 와 있는 노인들에게 노년기란 어떤 것일까? 학자들이 붙인 '마지막 단계'가 자신에게는 다가오지 않을 것 같았지만, 어느 새 그들은 시간의 흐름을 좇아 와서 그 앞에 서 있다. 그런데 다행히도 현재 다수의 노인들에게 이 '마지막 단계'는 새로운 도전의 기회가 되고 있고, 또 다른 미래를 꿈꿀 수 있는 가능성을 제시해 주고 있다. 이 책의 이론 파트에서는 이처럼 새로운 의미로 다가오는 노년기의 모습을 활기찬 노화라고 설명하였다. 그리고 사례부분에서는 전국 8개 행정구역에서 활기차게 노년을 보내고 있는 노인들의 모습을 소개하였다. 그들의 적극적이고 긍정적인 활동은 현실인 동시에 건강한 노인들의 내일을 보여준다.

과연 노년에 필요한 것은 무엇일까? 소득, 건강, 친구, 일… 개인차는 있겠지만 어느 것 하나 중요하지 않은 것이 없다. 어쩌면 이 모든 것들이 적절하게 조합을 이룰 때 가장 편안한 노년이 될 수 있을 것이다. 하지만 그 중에는 본인이 원한다고 반드시 이루어지지는 않는 것이 있고, 본인이 노력하면 얻을 수 있는 것도 있다. 이 책의 사례들은 이에 대한 답을 제시해 주었다고 생각한다. 여러 사례에서 볼 때 아름다운 노년의 삶이란 당당하게 자신의 삶에 직면하고, 긍정의 태도로 바라보며, 살아온 삶의 열정만큼 남은 삶에 애정을 가지고, 생의 마지막 단계에 초조해 하지 않는 삶이 아닐까 생각한다. 실제로 사례노인들의 모습은 언젠가는 다가올 나의 자화상이며 우리 모두의 미래이다. 그러므로 사례들을 통해 노년기에 대해 보다 긍정적인 시각을 가지고 자신의 미래를 꿈꿔 보는 것도 행복할 것 같다.

우리 초고령 사회 대응 한국형 신공동체 모형개발 연구팀은 앞으로 출간할 예정인 「초고령 사회를 위한 행복한 노년」 시리즈를 통해 외국 노인들의 활기찬 모습도 다양하게 보여주게 된다. 우리와 문화적 전통이 다른 외국 노인들의 활기찬 모습은 우리들의 노년을 그

려보는 데 필요한 지식과 정보, 그리고 상상력을 제공해 줄 것이다.

이 책을 통해 독자들과 공감해 보고자 하는 메시지를 정리해 본다. 우선 큰 제목을 던져본다면, 한국 사회에서 활기찬 노화란 무엇인가? 그리고 한국 사회에서 활기찬 노화를 실현할 수 있는 방법에는 무엇이 있을까? 필진들이 제시할 수 있는 답은 우리 사회를 활기찬 노화를 가능케 하는 조건으로 만드는 것이다. 다시 말하면 우리 사회를 고령친화적인 공동체로 만드는 것이다. 고령친화적인 공동체속에는 노인세대는 물론 젊은 세대도 공존한다. 그리고 그들은 상호유대관계를 강화함으로써 세대 간 호혜하고 신뢰하는 관계를 형성한다. 이런 조건 하에서 노인들은 자신들이 가진 역량과 열정을 공동체에 투입한다. 그리고 세대 간 상호부조와 상호연대는 젊은 세대로 하여금 노인세대에 대해 존경과 신뢰를 더 갖게 만들 것이고, 노인들은 젊은 세대가 주도하는 현대적인 공동체 속에서 당당하게 사회구성원으로서 공존하게 될 것이다.

이 책의 출간을 위해 강의와 연구의 시간을 쪼개어 각자 맡은 지역의 사례를 알뜰하게 서술해 주신 공동연구진들께 다시 한 번 감사와 존경의 말씀을 전한다. 그리고 이 책을 읽는 모든 분들께 노년기 삶에 대해 더 이해하고 여러 세대가 더불어 사는 것의 의미를 새겨보시기를 권해 본다.

2017년 6월
저자 대표 김수영

참고문헌

김봉화 · 김재호(2010). 『세계 사회적 기업의 현황과 전략』. 한국학술정보[주], p.32.

김수영, 이민홍, 손태홍(2015). 고령자 사회참여프로그램의 효과성 분석. 한국지역사회
　　복지학, 53. pp.451-479.

김수영, 장수지, 오찬옥, 최성희(2014). 고령친화공동체 구축을 위한 지표개발. 한국노
　　년학, 34(3), pp.555-579.

노대명(2007). 한국 사회적 경제(social economy)의 현황과 과제: 사회적경제의 정착과정
　　을 중심으로, 「시민사회와 NGO」, 제5권 제2호, pp.35-71.

박경하 외(2014). 한국의 사회적 경제조직 지원정책 사례연구, 한국정책학회 춘계학술
　　대회.

새로운사회를여는연구원(2013). 사회적 경제 생태계 육성 전략 마련을 위한 기초조사
　　해외 사례를 중심으로.

엄형식(2008). 「한국의 사회적 경제와 사회적 기업」, 서울: 실업극복국민재단〈함께 일
　　하는 사회〉.

이수연(2013.1). 차별과 위기를 극복한 퀘벡의 사회적 경제, 새사연 브리핑.

장원봉(2006). 『사회적 경제의 이론과 실제』, 나눔의 집.

한국보건사회연구원. 전국노인실태조사. 2015.

Bob Doherty, George Foster, Chris Mason, John Meehan, Karon Meehan, Neil Rothe-
roe, and Maureen Royce(2009). *Management for Social Enterprise*. London: Sage
Publication. pp.5-9.

Defourny, J. and Develtere, P.(1999). The Social Economy: The Worldwide Making of a
Third Sector, Centre d'Economie Sociale, Liege, p.16.

European Commission(2010). Small and medium-sized enterprises(SMEs): social
economy.

Noya, A. and Clarence, E.(2007). The Social Economy: Building Inclusive Economies,
OECD, Paris.

Polanyi, K.(1989). La Gran Transformacion(칼 폴라니(2009), 「거대한 전환」, 홍기빈 옮
김, 도서출판 길)

Raw, J. W. & Kahn, R. L.(1998), *Successful Aging*, Pantheon Books, New York.

WHO(2002). Active Aging. A Policy Framework. Geneva. World Health Organization.

Zamagni, S. & Zamagni, V. 저, 송성호 옮김(2014). 「협동조합으로 기업하라」, 한국협동
조합연구소·북돋음, pp.132-133.